CASA DE LUZ ARCÁNGELES
UNA PUERTA AL CIELO

CASA DE LUZ ARCÁNGELES
UNA PUERTA AL CIELO

BRAYAN RUIZ MILLÁN

Copyright © 2025 Brayan Ruiz Millán. Todos los derechos reservados.

Queda prohibida la reproducción, almacenamiento o transmisión de cualquier parte de esta publicación en cualquier forma o por cualquier medio sin el permiso expreso de Hola Publishing Internacional.

Las opiniones expresadas en este libro son exclusivamente del autor y no representan necesariamente las políticas o la posición oficial de Hola Publishing Internacional.

Las imágenes de esta obra fueron generadas mediante herramientas de inteligencia artificial.

Hola Publishing Internacional
Eugenio Sue 79, int. 4, Col. Polanco
Miguel Hidalgo, C.P. 11550
Ciudad de México, México

Primera edición, mayo 2025
ISBN: 978-1-63765-769-0
Número de control de la Biblioteca del Congreso: 2025907790

Los contenidos de este libro se ofrecen únicamente con fines informativos. Todos los nombres, personajes, negocios, lugares, eventos e incidentes son ficticios. Cualquier semejanza con personas reales, vivas o fallecidas, o con eventos reales, es pura coincidencia.

Hola Publishing Internacional es una editorial híbrida comprometida a ayudar a autores de todo tipo a alcanzar sus metas de publicación, ofreciendo una amplia variedad de servicios. No publicamos contenido que sea política, religiosa o socialmente irrespetuoso, ni material sexualmente explícito. Si estás interesado en publicar un libro, visita www.holapublishing.com para más detalles.

Porque nacemos de Él y vamos hacia Él;

*Dios Padre Celestial, todo es tuyo
y este libro también.*

*En tus manos encomendamos el destino
de ésta información de luz.*

Prólogo

Para poder llegar al mayor número de personas posible, y darles un mensaje de luz que realmente valga la pena, es necesario contar con un respaldo espiritual que asegure un aprendizaje de la felicidad para darle una dirección positiva al pensamiento o iniciar una lucha contra la propia oscuridad. Ahora, de la mano de Casa de Luz Arcángeles, formadora de guerreros de luz y compañeros en esta vida, quiero darte esta hermosa experiencia llena de bendiciones, basándome en un respaldo espiritual enfocado en esto.

En este libro aprenderás a dirigirte a un mundo espiritual con el respeto necesario para obtener sabiduría, que se adquiere poco a poco. Podrás entonces valorar la importancia de la familia, la pareja, los hijos, las amistades y cualquier persona que tenga que ver contigo o con tu familia. Al aprender a detectar a los seres de luz, podrás también vibrar y reconocer tus propias experiencias y sabrás detectar los incontables momentos en que el mundo de la luz se ha hecho presente en tu vida. Asimismo, cuando aprendas a detectar la presencia de la oscuridad, sabrás cómo combatirla o incluso cómo dejarla entrar.

Parte de nuestra misión es exponer la realidad en la que nos encontramos actualmente como seres humanos, pues, de cada cien personas, noventa nos enfrentamos a complicaciones directas o indirectas con diferentes oscuridades, pero resolverlas es cuestión de elevar nuestra espiritualidad, construyendo un altar en nuestro interior para fortalecernos, protegernos y seguir transmitiendo las enseñanzas de millones de seres de luz y divinidades. ¿Cuántos de nosotros hubiéramos querido que alguien nos guiara para tomar buenas decisiones? En la búsqueda y vivencia de cada etapa confrontamos oscuridades de diferentes niveles y solo la seguridad aprendida en el hogar es nuestra herramienta, pues, de allí, o nos volvemos guerreros o la misma cobardía nos invita a ser oscuros, provocando venganza y engrosando la cadena de destrucción que habita en las malas personas.

Casa de Luz Arcángeles no es solo un lugar físico, está conformado por guías espirituales, misioneros, predicadores, guardianes, soldados de guerra y muchos nombramientos más que van surgiendo en la medida que crece el infinito del poder supremo entre los corazones de los seres humanos que luchan día a día por ser buenas personas. La trascendencia de la luz de Dios es imparable y, por medio de todos los guerreros de luz (personas que han sanado su alma), se seguirá transmitiendo cada palabra de los seres de luz, cada consejo de los benditos arcángeles y cada ejemplo que se ha manifestado por medio de las múltiples reuniones de ángeles: obras espirituales presenciales y a distancia, talleres, conferencias, seminarios, cursos, etc.

Estamos seguros de que aquí encontrarás un mar de información que nutrirá tu alma para recordarte que, aunque en esta vida estamos de paso, nuestras acciones y legado quedan plasmados por la eternidad.

ÍNDICE

Prólogo	9
Introducción	17
La espiritualidad en la antigüedad	19
La fe	25
La Casa de Luz Arcángeles	29
Las espiritualidades de Casa de Luz Arcángeles	35
Los espíritus de luz	39
María Araceli	45
El encuentro de la Totalidad	49
Mi comunicación con la Divinidad	61
La muerte material: Dando paso a una vida espiritual	67
El alma	71
1. Aprender de la existencia del alma	72
2. ¿Cómo aprender a proteger el alma?	75

3. ¿Cómo aprender a alimentar el alma?   76

4. Que el alma aprenda a comunicarse con el pensamiento   78

5. ¿Cómo crear tu propia magia desde el alma?   79

6. ¿Cómo evoluciona el alma y cuál es el momento indicado?   80

Arcángel Eunice   85

Arcángel Kalil   87

Arcángel San Rafael   89

Arcángel San Miguel   91

Los benditos arcángeles   93

    Las palabras de los seres de luz   96

Misión de vida   101

La espada de la justicia   107

La ceremonia suprema de sanación de alma   111

Las oscuridades   115

El mar de la oscuridad   129

La lucha constante entre la espiritualidad y la vida diaria   139

El despertar espiritual de la
consciencia en niños y jóvenes   143

Vestir siempre de blanco   149

Los arcángeles y la
comunidad LGBTIQ+   153

Meditación breve   161

Testimonios   165

Consejos y recetas de luz   181
    Para la salud y la fortaleza física   182
    Para el amor por destino   182
    Para protección y abundancia   183
    Para concretar viajes   183
    Para la justicia en asuntos legales   184

Mensajes de los espíritus de luz
para la humanidad   189

Agradecimientos   203

Acerca de Brayan Ruiz Millán   205

Introducción

Año actual, 2024, una época del ser humano que hasta ahora ha sido crucial para su propia evolución; la religión, la política, los deportes, la música, el arte y todos los movimientos culturales que se vienen expresando son respuestas de la transformación de cada comunidad, región, pueblo o ciudad. Como dicen, ¡el gusto se rompe en géneros! y aunque cada uno decide camino y forma de andar, a todos nos acompaña un principio general científicamente comprobado: la energía no se crea ni se destruye, solo se transforma.

Partiendo de este criterio, entramos al mundo de la energía, que se divide en positiva y negativa. Entendemos así que una espiritualidad es un estilo de vida que nos llevará a ser energía positiva y así atraer vibraciones similares, o, por el contrario, bajar nuestra frecuencia vibratoria, llenándonos de energía negativa. Para este mundo espiritual, la luz de Dios es la parte suprema de la energía positiva y la oscuridad es el resultado de las descargas negativas. El mundo espiritual que vamos a tratar es un panorama real y único, pues viene de la palabra directa de cuatro benditos arcángeles, que son seres perfectos, incluso creadores del lenguaje, la palabra y la comunicación humana.

La espiritualidad en la antigüedad

La raza humana ha convocado millones de pensamientos respecto a la espiritualidad, siempre buscando aclarar su pensamiento, sentirse respaldada, fortalecer sus ideas, y encajar en un grupo social determinado. Aquellos humanos que no se adaptaban a determinada comunidad, según la región, podrían ser expulsados o asesinados, es por eso que siempre ha sido necesario un sistema de autoridad, para regular las conductas humanas y crear un ambiente "equilibrado".

Hablando de la espiritualidad, cada civilización iba creando diferentes dioses, a los cuales se les atribuía poderes sobrenaturales, siendo así que representaban los fenómenos naturales más comunes y sobresalientes como el sol, la luna, las estrellas, la lluvia, el agua, los truenos, la fuerza del viento, entre muchos otros más. Cada región y cada civilización, de acuerdo a sus tiempos, tenía investigadores o exploradores, o lo más acercado del momento, que determinaban algún nombre y representación de ese fenómeno natural que específicamente ocurría en cada determinado tiempo o época del año, pues la intensidad de la lluvia en una región selvática no era la misma que en una región de sequía. Es por eso que muchas de las representaciones de las civilizaciones antiguas se asemejan entre sí aunque sus regiones fueran distantes o se desconocieran entre sí.

Por ejemplo, en el Antiguo Egipto la fuerza de la naturaleza tenía, como hasta ahora, peligros misteriosos. Sus dioses y diosas iban más allá del ámbito de lo extraordinario, todos los dioses eran poderosos y podían llegar a ser castigadores, incluso se representaban con una cara buena y otra mala. Según la mitología egipcia, todo era oscuridad y agua hasta que en una ocasión el agua provocó una gran inundación. Después, poco a poco se fue retirando, dando origen al "manantial de la creación". En ese momento nació el sol, creándose el aire, y poco a poco se dio naturalmente el resto de la creación. Por lo tanto, para los egipcios, todo surge con la salida del sol.

Los templos de culto se manifestaban mostrando la fuerza del sol y de los faraones para amedrentar la oscuridad y todos los peligros; se realizaban rituales sagrados donde los sacerdotes despertaban a determinados dioses por medio de una antorcha encendida, diciendo que era el rey quien los había enviado. Se decía que el sol descendía al mundo de los muertos en cada atardecer, y que había demonios que querían el poder máximo, por ello debían protegerse de una serpiente gigante que quería destruir el sol. El acceso a los templos no era fácil, por eso los dioses debían manifestarse; sacrificaban animales para recibir abundancia y prestigio, sacaban cargando la pesada estatua de algún dios y la trasladaban de templo a templo, la muchedumbre le hacía preguntas cerradas a ese dios, y sus respuestas eran visibles y clara (cuando quienes cargaban daban un paso al frente, significaba un *sí*, un paso atrás significaba un *no*). Los gobernantes de Egipto debían ser hombres, aunque una mujer logró obtener ese puesto; los nacimientos eran felices acontecimientos donde un mago con máscara recibía a los nacidos; se trazaban símbolos y jeroglíficos para protección, por ejemplo escarabajos, creando así amuletos que se colgaban al cuello, incluso para reducir o eliminar dolores de cabeza; se atribuía a los dioses las causas de enfermedades o desgracias. Entre esos dioses se veneraba a las serpientes venenosas, pues eran invocadas como dioses poderosos; se realizaban altares para los antepasados y se les daba ofrenda para que intervinieran en favor de sus familias; se creía que las desgracias también eran reproches de sus muertos, muchos buscaban la inmortalidad para ser eternos y poderosos, y se creía que cada muerto debía pasar por varias puertas, cada una custodiada por un demonio (para poder pasar, el muerto debía saber el verdadero nombre de todos ellos); la gente pagaba para que les interpretaran los sueños y así poder guiarse; se creía que los animales o mascotas se encontraban en el mundo de los muertos; había catacumbas donde se ofrendaba para que, cuando la muerte los alcanzara, pudieran llegar a donde debían. Se reconoce como la civilización más duradera de la humanidad.

Por lo que acabamos de analizar, en esas primeras civilizaciones ya se pensaba en la energía, la energía ligada a la propia naturaleza. Aun si quisiéramos rechazar la existencia de dioses y energías sobrenaturales, los vestigios de la experiencia humana hasta nuestros días nos hablan de respuestas inminentes, confrontaciones más que claras entre el bien y el mal, y también se reconoce hasta nuestros tiempos la sabiduría ancestral de civilizaciones antiguas como los aztecas, la cultura maya, griegos, romanos, hebreos, musulmanes, judíos, entre otros.

El razonamiento humano ha buscado realidades cuya respuesta hasta el momento es incierta, pues la lucha entre el bien y el mal seguirá existiendo para impulsar la evolución, el pensamiento, la creatividad, y las inteligencias del ser humano. En estos escritos encontrarás respuestas donde tu pensamiento podrá elegir entre generar una mejor concepción del mundo en tu vida diaria, elevar tu frecuencia vibratoria y reconocerte como una persona en luz, o permanecer con un pensamiento invadido del todo, donde quizás abunde el conocimiento sin sentido. Sí, una abundancia de pensamientos, pero una escases del alma.

Las emociones son los tesoros que conectan con la divinidad real del propio universo. Debemos aclarar que no existen los seres humanos sin sentimientos, solo existen seres humanos que prefieren mantenerse en el error, adoptando un estilo de vida de defensa pero nunca de aportación.

En nuestros días la concepción de la espiritualidad difiere de pensamiento en pensamiento, pues la oscuridad, alimentada por el egoísmo, por el deseo de poder, por la manipulación y la crueldad, es capaz de disfrazarse del niño más hermoso, del cantante más talentoso o del artista más polifacético, con la única finalidad de seguir destruyendo los pensamientos y los sentimientos que traen paz, hermandad y felicidad al ser humano.

La Casa de Luz Arcángeles es una emisora de luz espiritual, el ojo del huracán para millones de oscuridades que pretenden desprestigiar una misión de luz que nace de la divinidad. Sabemos bien que, en las manos de seres humanos, nada es perfecto, pero su esfuerzo y dedicación han desvanecido y eliminado las gruesas capas de oscuridad que encarcelaban el pensamiento y acción de individuos y todas sus familias, aportando a esta actualidad innumerables sanaciones de alma (rescatar almas perdidas en la oscuridad). Las personas que han logrado llegar a conocer la Totalidad (María Araceli y yo, Brayan) han podido sentir que esas presencias humanas tienen una diferencia: la luz de Dios que emana de su mirada, de su palabra o de su tacto. La única intención de estos escritos es actualizar el pensamiento del ser humano para provocar acciones guerreras donde no pierdan el objetivo de venir a luchar por crear, procrear, y guiar con luz todas sus aportaciones a la humanidad, teniendo siempre claro que solo existen dos caminos en tu libre albedrío: la luz y la oscuridad.

Por último, deseamos que analices que, más de dos mil años atrás, el ser humano viene descubriendo y creando objetos buenos y malos para la humanidad, todo desde la raíz de la luz o la oscuridad que reside en el individuo. Por eso es necesario transmitir rápidamente el mensaje de este escrito, pues el mar de la oscuridad crece apresuradamente y, si no queremos ver a nuestra familia ahogándose en esas aguas de tinieblas, debemos proveer a nuestros seres amados de esas barcas indestructibles de fe y abundancia espiritual. Desde nuestra experiencia nace esta sugerencia.

La fe

El pensamiento del ser humano al ser infinito buscó la manera de resguardar su energía de pensamiento, creando diferentes religiones de las cuales hoy en día mucho se critica. Debemos aclarar que, desde nuestro punto de vista, todas las religiones son profundamente hermosas, pero el ser humano, al ser tocado por la oscuridad, distorsiona cualquier religión, exhibiendo todo aquello a lo que llamamos miseria humana (actos de odio, humillaciones, salvajismo, actos reprobables ante el juicio universal del bien humano).

El hombre vive confundido y se hace constantemente una pregunta: ¿Debo creer o no en una religión? En su respuesta automática, siempre deja para después profundizar y resolver esta incógnita, pues la política y la religión son temas controversiales en cualquier círculo social.

Muchas veces el ser humano actúa por impulso, conveniencia, o por su contexto religioso familiar. Sin embargo, para nosotros en Casa de Luz Arcángeles solo existe el camino de la luz y el camino de la oscuridad independientemente de la religión que se profesa. Bueno sería que en nuestro camino de vida fuéramos guiados por personas de luz que nos proporcionen un camino estable en la fe y en las buenas costumbres, pues así se comprendería la felicidad desde muy temprana edad, y nos preocuparíamos por hacerla mayor en vez de en perderla.

La deslealtad entre seres humanos está cada vez más marcada. Prueba de ello, la cantidad de parejas que disuelven su unión por una infidelidad y ninguno de los dos integrantes de esa pareja es capaz de detenerse para analizar las múltiples opciones que existen para resolver las diferencias humanas y convertirlas en bendiciones familiares. Si vivieran una buena espiritualidad, el ochenta por ciento de sus diferencias serían solucionadas por la presencia de la luz y de la fe.

Entre más grande sea tu fe, mayor será tu acercamiento con tu ser punta de lanza, con ángeles guardianes y seres de luz en general. Recibirás ayuda a nivel pensamiento, a nivel material y a nivel espiritual, liberándote de ataduras y oscuridades que tú mismo o misma dejaste entrar por enojos duraderos, por agresiones, por sentirte indefenso, por una baja autoestima, entre muchas otras causas.

La fe se construye con amor desde su primer momento y se destruye con faltas de respeto, con mentiras y con indiferencia. Para salir de cualquier estancamiento, ya sea físico o económico, espiritual o energético, se necesita de una gran unión y un compromiso total con tu propio ser punta de lanza. Las mejores rachas de un ser humano van acompañadas de una fe absoluta a la luz de Dios, a ellos mismos, y a la existencia de su ser punta de lanza.

La Casa De
Luz Arcángeles

La idea de escribir sobre el origen de la Casa de Luz Arcángeles tiene como finalidad inspirar al ser humano a ser más amorosos, más alegre, y a confiar que entre los humanos hay personas elegidas por la Divinidad para mantener un equilibrio de manera directa. Podríamos decir que hay seres humanos creados y entrenados, sin que esto suene denigrante, para ser ejemplos de luz, alegría, fortaleza, amor, perseverancia, constancia y lealtad, entre otras muchas virtudes. De esta manera se mantiene un equilibrio, pues a través de estas personas se propaga la luz de Dios.

Posiblemente, en tu camino de vida, te has encontrado con médicos que tienen una verdadera vocación de ayudar al prójimo y que disfrutan a plenitud de la sanación de sus enfermos, abogados que en su entrega aconsejan tu vida para ser protegido, profesores que entregan muchos años de su vida para que muchos otros aprendan. Cada ser humano, al encontrar su misión de vida, encuentra también la forma de ser feliz y compartir su felicidad con todos aquellos a quienes conoce, marcando la diferencia entre un *ser* y un *buen ser*.

Si pudiéramos contabilizar en años el origen de la Casa de Luz Arcángeles, podríamos decir que hay más de mil años donde han existido parejas de amor que han sido guiadas por la luz de Dios; caminos sinuosos, misiones complicadas, aprendizajes de peso en la luz de Dios;. Todas estas parejas han desarrollado, durante su tiempo de vida, una lucha contra la oscuridad, dejando de lado circunstancias banales para dejar entrar la guía espiritual de sus seres punta de lanza, algunos viéndolos, otros escuchándolos, en algunos otros casos teniendo un contacto y guía durante el sueño, en muchos otros por medio de la experimentación y práctica de su espiritualidad; es decir, atendiendo al llamado del alma que se realiza desde muy temprana edad, desarrollando una intuición más avanzada que otras personas, una sensibilidad que trae consigo códigos de información de la misma vida, de las actividades del ser humano, pero, sobre todo, de los sentimientos como un idioma universal, entendiendo así los parámetros perfectamente delimitados entre el bien y el mal.

Todas las personas que han formado parte de estas parejas de amor y de luz, vienen nutriendo de información terrenal, innovaciones, e inteligencia, la constitución y complementación de una sola alma, entendiendo así que es un alma más grande creada por la Divinidad para laborar espiritualmente en las diferentes poblaciones donde esas parejas han nacido y perecido. Así es como con el nacimiento y la muerte de cada pareja se va conformando un gran linaje espiritual de luz, generando un compendio de información que sirve para tener acceso a nuevos tiempos, nuevas etapas, para seguir sanando cuerpos, pensamientos, espíritus, y, gracias a los arcángeles benditos, seguir sanando almas.

María Araceli y Brayan son los últimos descendientes espirituales de estas parejas de luz y amor, en esta alma y en esta vida actual, por esa razón llevan el nombre de "Totalidad de Casa de Luz Arcángeles". Nada ni nadie está fuera de la observación de nuestro Padre Creador y es por eso que hasta hoy revelamos esta gran labor de luz, haciendo del conocimiento humano que existen muchas otras parejas de luz en el mundo, individuos preparados para combatir la oscuridad desde distintas plataformas, en distintos pueblos (aun en la organización más oscura existe algún guerrero de luz que está laborando para evitar la propagación de la oscuridad).

Se llama Casa de Luz Arcángeles porque cada persona que es tratada por la Totalidad, o sus integrantes, recibe el cobijo necesario para nutrir su alma, para sentirse protegido, restaurado y poder regresar a la aventura de la vida que, aunque en ocasiones parece difícil, abriendo tu corazón y habiendo aprendido los preceptos de la Casa de Luz Arcángeles, convertirá en un júbilo tu travesía por la vida.

Esta Totalidad que representa a la Casa de Luz Arcángeles es viajera, por lo tanto la luz de Dios, la perfección de los arcángeles, la comunidad espiritual de seres de luz, el linaje de parejas de luz y la luz de sus integrantes, pueden llegar a cualquier parte del mundo a generar un cambio, una transformación, de ser necesario, o el reinicio de una evolución, ya sea material o espiritual. De esta forma la Casa de Luz Arcángeles puede incluso visitar tu hogar, solo es cuestión de contactar a los integrantes para que esa bendita luz genere ese cambio o alimento que tu alma necesita.

Hoy en día la Casa de Luz Arcángeles tiene tres puntos de encuentro, donde pueden recibirles con previa cita, en Tlalnepantla, Estado de México, zona centro; en Santa Úrsula, Coapa, en la CDMX; y en la Colonia Balcones de las Mitras en Monterrey, Nuevo León. Hemos visitado diferentes estados de la República Mexicana, propagando la luz de Dios y de los benditos arcángeles. Tal es el caso de Saltillo, Coahuila; Nuevo Laredo; varios Municipios de Monterey, Nuevo León; Mazatlán, Sinaloa; Guadalajara, Jalisco; Acapulco, Guerrero; Guanajuato; Salamanca, Querétaro; Pachuca Hidalgo; Mérida, Yucatán; Cuernavaca, Morelos; Jalapa, Veracruz; Puebla; Toluca, Estado de México; Oaxaca; Morelia, Michoacán, entre muchos otros más.

Las espiritualidades de Casa de Luz Arcángeles

En el mundo real podremos imaginar por medio de películas, televisión y, quizás con mayor impacto, las caricaturas, la magia de la fantasía, aquel mundo mágico que sólo existe en nuestra mente humana, proyectando la visión de alguien que no conocemos, que puede gustarnos o no, pero que al final cumple su propósito de manifestar su idea fantástica. Así, cada uno de nosotros hacemos de nuestro pensamiento un mundo mágico que a veces compartimos y a veces nos quedamos guardado en el infinito de nuestra mente. Esperamos que, si son ideas que aportan felicidad, las publiques, pero, si son oscuras, ahí déjalas, nadie las necesita, te lo prometemos.

Cuando somos niños y empezamos a descubrir que existe una religión, los padres empiezan a decirnos cosas como, "Recuerda que debes persignarte", "Si no te duermes va a venir el Coco", "Si no te comes todo eso, el Señor del Costal va a venir por ti". Me parece que este tema de amenazas de padres a hijos fácilmente exige otro libro, pero bueno, aquí la voz de los padres activa en el pensamiento del menor un sinfín de situaciones que pueden suceder, obviamente activando también el miedo, elemento que nutre a la oscuridad en cualquiera de sus facetas. Lamentablemente así es, le estas enseñando a tus hijos a que su propio pensamiento produzca miedo.

¿Qué cara le pondrán al miedo? ¿De qué tamaño será el cuerpo de esa representación del señor que se lleva a quien no come bien? Le dejas mucho en el pensamiento, lo que no sabe es que, lo más terrorífico que se imagina, en realidad sí existe en el mundo de la oscuridad.

Cada momento en el que se reproduce una sensación de miedo, esta puede ser utilizada por algún espíritu de energía oscura para facilitarle acceso al pensamiento de uno o varios individuos. Ahí tienes el famoso juego de la Ouija. Mencionarlo no es peligroso, pero jugarlo claro que sí. Invocar espíritus mediante este o cualquier otro medio es abrir en tu pensamiento la posibilidad de hablar con alguien que murió y que no evolucionó. Pero, eso sí, tiene la capacidad de reírse de ti, burlarse y sembrar el pánico de tal manera que puede desembocar solamente en dos posibilidades: la primera es que te lleves esa energía oscura (nivel 3, 4 o 5) a casa con tu familia, a ellos les provocará miedos, angustias, enojos, tristezas, etc., pero a quien va a posesionar directamente es a ti; y la segunda es que inicie una persecución de espíritus oscurecidos en contra de esas personas que participaron en el supuesto juego, sin darse cuenta le das de tu energía, de tu fuerza y de tu vida.

En nuestro caso particular, (María Araceli y yo, Brayan) conocimos lo que implicaba una religión, una creencia diferente, amistades que tienen diferentes motivos de fe (para nosotros siempre respetables), pero eso sí, nadie nos puede venir a decir que esto o aquello no es verdad, pues al final cada quien posee su propia realidad. Escribimos con respeto, pues ya nos ha sucedido que muchas personas, que piensan diferente, olvidan el respeto para transmitir sus ideas, una vez más, actuando la oscuridad.

En nuestra historia personal, conocimos lo que significó el mundo espiritual en sus primeros pasos hasta llegar a altas cumbres de la luz de Dios con los benditos arcángeles. Por describir rápidamente esta experiencia, conectamos sin pedirlo con diferentes entidades debido a la preparación espiritual que debíamos llevar para lograr en su momento la experiencia necesaria para satisfacer las necesidades de la Divinidad y posteriormente de los hermanos que vienen buscando soluciones a diferentes acontecimientos de vida.

Los espíritus de luz

Desde la creación de la humanidad, el mundo divino le dio una libertad de pensamiento al ser humano. Al plantearse el mundo divino como infinito, fue fácil que se perdiera, que no supiera qué hacer ante la adversidad, los peligros y la falta de conocimiento. En general, poco a poco fue desarrollando habilidades materiales para combatir a las bestias, para defenderse de los depredadores y crear un ambiente propio para habitar y formar familias.

Así se fueron creando las comunidades, tomando en cuenta lo maravilloso, lo extraordinario y lo perfecto de la madre naturaleza, el sol, la luna, las estrellas y todos los acontecimientos naturales que prevalecían en determinada zona geográfica. La experiencia fue formando al ser humano, que aprendió a cazar, alimentarse y cuidar su provincia, lo que no sabía era qué había más allá de sus ojos, de sus fuerzas, o incluso más allá de su miedo.

Al explorar lugares ocultos de caminos sinuosos, surgía temor a no regresar, esa fue una de las grandes causas por las cuales el mundo divino se empezó a hacer presente, creando así una fe en aquellas presencias de luz que por segundos eran permitidas ante los ojos humanos de las personas elegidas. La única intención era elevar la fe, crear orden y líneas de paz entre los mismos pobladores de todas las provincias. Las riquezas materiales dividieron al hombre, corrompieron su pensamiento, se olvidaron de la hermandad, incluso del amor de la familia, vendieron sus sentimientos, sus lealtades y sus provincias con todo y habitantes, conociendo así la esclavitud, la ira, y la devastación humana.

Todos estos acontecimientos de la mente precaria del ser humano alimentaron la oscuridad, haciendo creer que existía un poder sobre otro ser humano. Es por eso que, desde siempre, ha existido un ser supremo que ha sido paciente, tolerante y comprensible con la miseria humana, pero al mismo tiempo amoroso, responsable, pues sabe que el propio ser humano es capaz de reconstruirse, reparar sus pensamientos, destruir esa oscuridad que le afecta directa o indirectamente. Pues es aquí donde entra la ayuda del mundo divino, dando a cada ser humano, desde su concepción, a un ser de luz que ha sido preparado previamente para poder guiar un pensamiento, para fortalecer un destino, para cumplir reglas materiales y espirituales, para evitar afectar la organización del mismo universo, asimismo para hacer comprender el movimiento de energías que propiamente posee cada ser humano.

Cada ser de luz que existe posee una preparación espiritual, energética y definitivamente respaldada en el mundo de Dios, y genera así vibraciones de alta luz para orientar el pensamiento de aquellos hermanos que están dispuestos a mejorar individualmente, y posteriormente en forma grupal. Así, esa conexión de luz se hace mayor, ayudando al mundo entero.

Existen muchas y diferentes habilidades espirituales entre los seres de luz, por ejemplo, hay quienes ayudan a los cuerpos que dirigen a tener habilidades físicas (actividades deportivas), en otros a desarrollar la palabra de tal manera que sean escuchados por gran parte de la humanidad (oradores, revolucionarios, diplomáticos, entre otros), otros más formulan en el pensamiento una creatividad insospechada para hacer aportaciones que la propia humanidad va a requerir. De esa misma manera, en la medida en que el ser humano ama su cuerpo, respeta su entorno y se esfuerza por ser feliz, descubrirá un mundo de luz que lo llevará a determinar con claridad a qué quiere dedicarse por el resto de sus días. En la vida material lo llaman oficio o profesión, creando así, de acuerdo con su conexión de luz con su propio ser espiritual, productos o servicios que generan un bienestar para la humanidad.

Dentro de los seres de luz existen diferentes jerarquías. En el plano más alto y perfecto se encuentra Dios Padre Creador de absolutamente todo lo que existe. En el siguiente nivel existen todas las divinidades, creadas a su imagen y semejanza, con casi la misma perfección que Él, pues es a este nivel de luz al que Dios le confía el mismo universo (los arcángeles). En el siguiente nivel se encuentran los ángeles, seres de luz que salieron de entre la humanidad, aquellos exhumanos que lograron comprender de manera absoluta la relación humana con Dios, apartaron fácilmente a la oscuridad y aportaron su luz a un gran número de personas en el lugar que habitaban, logrando así llegar con nuestro Padre a exponerle la gran cantidad de almas a quienes dio esa luz por la eternidad, obteniendo como resultado su elevación para recibir alas y llamarse "ángeles". En el siguiente nivel y no por esto menos importante que el anterior encontramos a las vírgenes, a los santos y a los seres humanos que, de la misma forma, por medio de sus acciones, sus habilidades y la exposición de sus talentos, comprendieron perfectamente su elección entre el camino del bien y del acecho de la oscuridad, logrando así el derecho a manifestarse sólo en algunos lugares, sólo por medio de algunas personas y por tiempo determinado, para seguir poblando el mundo con equilibrio, sabiduría y la pureza de la luz de Dios.

En el último nivel vamos a encontrar a todos los seres punta de lanza, que son aquellos hermanos que lograron su destino en su mayoría en luz y, cuando dejaron la vida, reconocieron que el recorrido de su andar fue propio de una buena persona; ganaron las buenas costumbres, las buenas palabras, los buenos sentimientos, pero, sobre todo, las acciones de bien que marcaron la diferencia, obteniendo así la oportunidad de cuidar de su propia alma en el cuerpo de alguien más. Estos seres, aun sabiendo que no será fácil orientar a ese ser humano, deciden tomar el reto por fe y por amor a nuestro Padre Santísimo.

Hoy en día, a un ser humano le cuesta muchísimo trabajo discernir entre el bien y el mal. Estamos en tiempos críticos en los que la oscuridad se ha vestido de personas importantes, atractivas y con poder económico, dirigiendo naciones, pueblos y tomando determinaciones encauzadas por la oscuridad. Tristemente, el ser humano aplaude y favorece a hermanos malintencionados que cantan y bailan para ser seguidos e imitados con palabras y acciones que solo atraerán ruina y desgracia. Es por eso que es primordial y urgente establecer líneas de defensa en los pensamientos, en los sentimientos y en las acciones, desde que se es pequeño, manifestando la existencia de un ser de luz que va a protegerte hasta el último día de tus días en la tierra. Sin embargo, el ser de luz no podrá salvarte de aquellas decisiones que conscientemente te llevaron a probar circunstancias generadas por la oscuridad.

El ejército de seres de luz, que hoy en día rige a la humanidad, es comandado y dirigido por el bendito arcángel San Miguel, autoridad máxima de esta Casa de Luz Arcángeles, acompañado por el arcángel Eunice, el arcángel Kalil y el arcángel San Rafael, quienes dotaron a la Totalidad (María Araceli y Brayan) de facultades materiales y espirituales, necesarias para sanar al ser humano que quiera ser encauzado, fortalecido, protegido y elevado ante la luz de Dios nuestro Padre Creador. Una de las facultades espirituales de la Totalidad es revelar el nombre del espíritu de luz o ser punta de lanza que orienta a cada ser humano, dando como resultado una comunicación directa que te enfrenta a tu realidad, a tu verdadero camino, pero sobre todo te compromete a ser feliz por el resto de tus días en el mundo material.

El ser humano debe comprender perfectamente qué es el alma, asimismo debe saber que su alma está protegida y orientada por un "ser punta de lanza", y que se llama así porque es el espíritu de luz más fuerte que posee dentro de su linaje espiritual. Por lo tanto debe saber también que ese linaje espiritual nace desde que fue otorgada esa alma a la primera de sus vidas pasadas.

¿Cuántas vidas pasadas puede tener un ser humano? La respuesta es completamente incierta, pues imaginen la grandeza de nuestro Padre: hay quienes llevan apenas dos o tres vidas en una alma nueva en la tierra, y hay quienes poseen millones y se les llama almas viejas. Estas almas viejas en el mundo de Dios van cumpliendo misiones de acuerdo a sus propios linajes, a sus enfrentamientos con la oscuridad, y rescatando siempre el equilibrio de la raza humana.

María Araceli

En la Ciudad de México, en el año de 1960, mes de marzo, día 6, nació sietemesina una pequeña. Sus padres tenían muchas dificultades económicas, la acostaban en una caja de zapatos desinfectada, entre botellas con agua caliente para mantenerla a buena temperatura debido a la lluvia y frío que rodeaba la vivienda. Qué fácil se dice y se escribe, pero vivirlo seguramente fue una travesía inusual que rompe con los esquemas del propio ser humano (esperamos que nadie de ustedes viva o haya vivido algo así).

La pequeña recibió una educación primaria llena de señalamientos por su forma de ser, introvertida, callada y serena, poco conversadora. Debido a su sentir, a los ocho años de edad tuvo que enfrentar la primera de las amenazas: limpiar el espejo del tocador y ver en el reflejo a una mujer que no existía en el plano material, vestida de negro con rostro muy grasoso, delgada, ojos rasgados color negro, nariz aguileña, despeinada y gritando. ¿Se imaginan el impacto que generó en la pequeña? Y no fue todo, esa misma noche la vio en la entrada de la recamara, gritándole.

La pequeña se llamaba Araceli y simplemente estaba llena de terror. Le decía a sus padres que quería que la mujer del espejo se fuera, pero esto no surtía efecto. Los padres, desconsolados, a partir de ese día nunca volvieron a su normalidad; en sí la familia jamás volvió a vivir en paz, pues en la pequeña Araceli ocurrían situaciones muy delicadas, como ver muertos, hablar con ellos, sentirse agredida, espantada, desesperada, y cada vez eran mayores los ataques. Los padres buscaron soluciones médicas, psicólogos, psiquiatras, sacerdotes, etc., sin obtener ninguna solución: era inútil. Afortunadamente, el padre de Araceli no permitió que fuera medicada, de esa manera nunca se afectó el proceso mental natural del cuerpo.

A los doce años de edad inició otra etapa de mayor riesgo, pues ahora esos espíritus, almas errantes, o pérdidas, cuando la observaban, entraban en su cuerpo provocando gritos, maldiciones, risas, palabras en otro idioma o dialecto, situaciones que definitivamente ninguna familia podría soportar.

El amor es lo único que logra vencer las dificultades que trae como consecuencia una eventualidad sobrenatural como la mencionada. En efecto, muchas personas que sabían de ésta condición espiritual simplemente no daban crédito, mientras otras más podían ver y sentir la mirada diferente de esa pequeña.

Aparejadamente, su abuelo Rodolfo viajaba en la búsqueda de su economía por el país del norte. Sin suerte, tuvo que pasar situaciones muy difíciles, como comer de la basura para subsistir, pues no era fácil encontrar trabajo. Eso sí, mantuvo la fe siempre en alto, llamando a Dios y pidiendo que le abriera los caminos.

Un buen día, ya cansado de no encontrar trabajo, decidido a regresar a México, un hombre de ropaje sencillo y limpio se le acercó y le preguntó: "¿Tienes hambre?"

"Si".

"Te invito a comer", y Rodolfo aceptó.

Durante la comida, le propuso trabajo, lo que Rodolfo buscaba originalmente, así que aceptó.

Lo dirigió a un hombre que rápidamente lo contrató. De ahí logró obtener ingresos para construir su casa, pero no había vuelto a ver a ese hombre que le ayudó, aunque seguido preguntaba por él. Nadie le conocía, el hombre había dicho ser alguien de nombre Jesús, quién al despedirse aquella ocasión le dijo, "Después vas a saber de mí, te lo prometo".

Pasado algún tiempo, con la constante interrogante de *quién era ese hombre, le pidió a Dios que le ayudara a* descubrirlo. ¿Dónde encontrarlo? Esa misma noche, en sus sueños, le dijo que era un mensajero de luz, que a partir de ese momento los días santos serían distintos, que su cuerpo sería señal de la presencia de Dios y de la fe en las almas, que predicara la palabra de Dios y que lo podría ir a visitar al templo que era conocido como el Señor de Chalma.

Cada semana santa empezaron a aparecer verdugones de golpes en su cuerpo, llamados o conocidos como estigmas, marcas de flagelaciones como las que vivió nuestro señor Jesucristo. Aun así, con dolor y temperaturas corporales elevadas, todos los viernes santos a las 3:00 pm pronunciaba plegarias de fe en compañía de sus familiares y algunos vecinos. Poco a poco llegaba más gente en esas fechas, y con la gente llegó la paz y armonía a la vida de Araceli, pues esa luz pura, esa energía, era necesaria para apoyarla a través de todo lo que le ocurría.

El encuentro de la Totalidad

En este momento, con millones de pensamientos en medio del silencio de la noche, después de aproximadamente trece años de muchísima actividad espiritual de alta luz, empiezo a redactar, escribir y dar a conocer información espiritual, o, mejor dicho, *empezamos*.

Mi nombre es Brayan Ruiz Millán, el segundo hijo de una familia muy, pero muy extraña (ja, ja, ja, ja), pero eso sí, muy divertida. O pregunten a mi padre, quien desde joven lideraba una banda de rock como guitarrista y vocalista; o bien a mi madre, la primera de una familia de nueve hijos, que en la edad jovial, al encontrarse a ese cantante de larga cabellera, ambos primeros hijos de sus respectivas familias, decidió iniciar una familia con él. Se casaron y al año nació mi hermano mayor.

Yo llegué cuatro años después, y, por cierto, casi casi salgo disparado del cuerpo de mi madre por negligencia de una enfermera. Ese fue mi primer encuentro cercano con la muerte (bueno, eso me lo cuenta mi mamá), por poquito más y este libro no se escribe (ja, ja, ja). Después de un año y medio adoptamos a un varoncito más, bueno, no es cierto, también nació de mi mamá, mi hermano menor. Tres varones como hijos y dos padres con sueños, como toda familia. (Los amo muchísimo, por cierto.)

Seguramente pocos creerán lo que escribiré, pero mi primer recuerdo es estar dentro del vientre de mi madre. Recuerdo destellos alrededor de mí, calorcito, y eso me causaba gracia. Podía ver esos destellos y me gustaban. ¿Cómo podía verlos, o recordarlo? Pues no lo sé, pero recuerdo el calor de mamá, tranquilidad, seguridad, comodidad y un estado de homeostasis profundo. Después de eso, pues todo cambió, hasta mi memoria. Desde entonces sólo recuerdo situaciones aisladas, ya saben, pelotas enormes, el pelaje de la mascota, lo delicioso que se sentía probar alimentos nuevos, y a darle vuelo, eso sí, a disfrutar todos los alimentos. En ocasiones pienso que alguien entró a mi cerebro y me cambió el chip, borrando parte de todo eso. Estoy seguro que muchos lectores me van a comprender, eso espero, seguro sintieron algo similar, ¿verdad que sí?

Me hice mala fama entre los integrantes de mi familia, quienes comentan como anécdota que en un día de mi cumpleaños, al llegar niños invitados (aclaro que no por mí ja, ja) de manera molesta les pregunté: "¿Por qué viniste? ¿Quién te invito a mi fiesta?" Claro que yo no recuerdo eso, y ellos se burlan de mí.

Algo que sí recuerdo, en las múltiples fiestas de mis padres, es que dejaba de jugar con los primos, amiguitos, me olvidaba de convivir para ir a sentarme cerca de los adultos. Ahí empezaba una persecución visual en la que sentía que alguno de los invitados podría hacer algún daño, incluso alguien de mi propia familia, y así empezaba a buscar, entre todos, a los culpables de esas energías extrañas. Tenía que estar alerta, (lo sé, un chiquillo de siete años no podría hacer mucho al respecto), en mi pensamiento ya había una responsabilidad de cubrir el evento con mi mirada amenazante. En mis pensamientos llegaba a escuchar frases como, ¡*voy a golpear a tu mamá!*, ¡*son una familia de lo peor!*, ¡*aquí te puedes robar eso y nadie se dará cuenta!*, algunas subidas de tono como, ¡*agárrale las partes nobles a tal persona y no te dirá nada!*, ¡*saliendo dejas a tu esposa y te espero en la esquina!*

Ahora, imaginen todo eso en la mente de un pequeño, era aterrador, por lo que siempre buscaba estar cerca de mi madre, en ella siempre sentí protección y consuelo. Era un pensamiento que no tenía respuestas, solo dudas, y, al preguntar, mis padres evadían las respuestas, pues no son temas de un pequeño. Lo más que podía ocurrir es que, cuando me daba cuenta, la fiesta ya había terminado, yo tenía muchísimo sueño y cansancio, pero, eso sí, trataba de mantenerme en pie hasta que me tiraba el sueño para estar alerta. Un niño que no juega normalmente con sus hermanos y que no es sociable seguro tiene problemas psicológicos.

Aproximadamente a las once años de edad iniciaron con mucha fuerza las manifestaciones "paranormales", situaciones realmente extrañas, sucesos que no tenían una respuesta, cuestionamientos sin resolver que entre más los pensaba más me hacían dudar. Por ejemplo, recuerdo estar en la puerta de mi casa, una gran puerta de metal enorme que con regularidad se azotaba con los fuertes vientos, por lo mismo, siempre teníamos cuidado al respecto, y en mi caso, como soy perfeccionista, pues con mayor razón. Acababa de abrir la puerta, pues alguien habría tocado el timbre y cuando di un paso para verificar si alguien estaba por ahí sentí un golpe que nubló mi vista. Me desmayé, pues la puerta me golpeó con tal fuerza, y claro, quizás fue el aire, mi descuido o alguien que la empujo y corrió para no ser visto… ¡claro que no fue el viento! Mi sensación me decía que había ocurrido algo muy fuera de lo común y no tenía cómo explicarlo.

Otro día, en la esquina de mi calle, acompañado de una amistad, de la nada surgió en mí una sensación de observación, y le dije, "Esos autos van a chocar. El de la motocicleta se va a caer, pero antes va atropellar a ese gato negro". Tal cual lo dije, empezó a ocurrir. Ella y yo quedamos sorprendidos de lo que había pasado.

¿Cómo explicas algo así y que las personas te lo crean? ¿Como por qué ocurrió? Pues no son respuestas que llegan al momento.

Otra situación es que, en mi temporada de secundaria, tenía que despertar a las 5:00 am para preparar todo e irme. Oscuridad, silencio, y yo mismo en el baño, en el espejo, arreglándome para irme a la escuela, escuché por primera vez (tenía doce años) que una voz extraña me susurraba al oído, incluso podía sentir el aliento pesado y prolongado, "Brayan...". Obviamente sentí escalofríos; mi razonamiento no se explicaba quién era, de dónde venía esa voz. Salí rápidamente, pensando que era mi madre, y fui hasta su cuarto. Al entrar, vi a mis padres dormidos, y me quedó claro que eso había sido un evento realmente paranormal. Fue la primera de quizás unas doscientas veces que iba a ocurrir.

Por supuesto me acostumbré a que sucediera, aunque no comprendí la razón hasta después de muchos años. Aún recuerdo que ese primer día del susurro, cuando fui a la escuela, mi mente se quedó enganchada en aquella voz. Al regresar le platiqué a mi madre lo sucedido y ella me respondió, "Fui yo, hijo. Me levanté para verte pero me regresé a dormir". No supo mentir mejor para tratar de ayudarme y quitármelo del pensamiento.

Esa voz me acompañó por mucho tiempo, de día, de noche, frente a amigos, familia, en fiestas, deporte, etc., ya era para mí algo "normal". Al final, sólo decía, ¡*Brayan!*

A los quince años, en tercero de secundaria, me cambiaron de escuela a una que apenas estaba siendo construida, era pública y conocí personas de diferentes estilos de vida. Una vez soñé que llegaba a mi salón de clases y veía a varios compañeros sobre mi lugar, como decimos, haciendo bolita. Cuando me asomé a ver lo que hacían en el centro, vi la famosa tabla de la Ouija. Claro que me sobresaltó, y me desperté sudando.

Como si hubiera tenido un enfrentamiento de energía muy extraño, ese día llegué a mi salón de clases y vi exactamente el tumulto de jóvenes en mi lugar, como lo acababa de soñar. Me acerqué con precaución y justamente estaban tratando de hablar con un espíritu a través de una tabla de Ouija. En ese momento llegó la profesora y dejaron en mi lugar esa tablita para que yo la guardara. ¿A quién le pasan esas cosas? (Seguramente a mucha gente, pero en ese momento, para mí, fue más allá de lo sorprendente.)

Este tipo de situaciones extrañas eran muy recurrentes, y, por lo mismo, permanecía en una alerta extraña, sabiendo que debía cuidarme, pero sin saber de qué o de quién. Sabía que había algo malo por ahí, pero no sabía dónde exactamente.

Tenía una estampilla del arcángel San Miguel, imagen que me había regalado una mujer que hacía sanaciones espirituales y que había ayudado a algunos familiares. Tenía que buscar algún tipo de ayuda y lo que conocía no me hacía sentir totalmente seguro. Alguna vez, mi madre, en su preocupación, me llevó a ver a una mujer llamada Felicitas (la que me regaló la imagen), una persona que decía tener posibilidades de ayudar a las personas espiritualmente. Recuerdo que, cuando la vimos, mi madre le preguntó por mí y ella dijo, "No se preocupe, él viene con una gran misión. A él le va a tocar luchar contra el cornudo, pero él va a estar preparado para eso". Mi mente lo escuchó como un *prepárate para la batalla*, y me sentí en la película de *Gladia-*

dor o algo así. A mi mamá, lejos de quitarle su preocupación, la alteró mucho más.

Esa estampilla del arcángel San Miguel fue el inicio de mi modelo a seguir, pues, al verlo, en mi mente se abría una película, un sin fin de ideas, pensamientos y sensaciones que no podía explicar, pero sentía que era información que, de alguna manera, recordaba, veía y sentía, muy extraño, pues no había un proceso de entrada o salida de información, solo ahí estaba. Eso sí, experimenté el amor por alguien de forma absoluta: por alguna razón, mi pecho se exaltaba al leer o escuchar el nombre San Miguel Arcángel (hasta la fecha me ocurre). Yo quería conocer todo de ese bendito arcángel, así que empecé a buscar información sobre él en todos lados, incluso mi padre me llevó a San Miguel del Milagro en Tlaxcala, el lugar más cercano donde hay vestigios de su energía. Todo esto sin saber la mágica historia que escribiríamos juntos más adelante.

Sentía que ese personaje que estaba en una imagen realmente existía: yo lo sabía, yo lo sentía. Lo sé, era inexplicable, pero yo le quería dar y encontrar una explicación, por eso inicié una búsqueda de templos dedicados a él, sin encontrar más que palabras, algunas que me sonaban muy reales y otras de fantasía, pero quién era yo para juzgar aquello.

En mi camino encontré a muchas personas que decían trabajar y saber cosas espirituales, y por alguna razón lo que hacían yo ya lo sabía, y otras cosas las podía intuir, formas diferentes, ideas, religiones, pero todas las comprendía, era como un gusto de pertenecer y conocer, de sentir y recordar. Extrañamente, me sentía familiarizado con esas personas. Claro que nunca lo mencioné, yo era un excelente espectador y no me hubiera gustado pasar por arrogante o sabelotodo. Nada de eso me hacía sentir que era lo mío, aunque lo gozaba, no era un nivel de satisfacción como el que yo sabía que encontraría, no sentía esa magia interior. Eso sí, era agradable, episodios especiales, pero nada que me hiciera motivarme a entrar de lleno.

Cuando crecí y después de muchísimas experiencias más, como universitario, me vi en la penosa necesidad de dejar mis estudios por temas económicos familiares. ¡Pues a buscar trabajo, jovencito! Así que, a mis veintiún años, aproximadamente, tomé un traje serio, formatos de empleo y, por qué no, prendí una veladora para que mi hermoso arcángel San Miguel fuera conmigo desde muy temprano y me abriera el camino a un buen trabajo.

Ya saben, "¡Luego te llamamos!", entrevistas, examen psicométrico, pruebas, más entrevistas y, al regresar a casa, "¡Brayan, te vinieron a buscar!".

"¿A mí? ¿Quién?"

"¡Ah!, pues esas dos señoras que vienen ahí".

"Buenas tardes, joven. Me dijeron que usted ayuda a las personas y quiero saber si me puede recibir".

"¡Ah! Sí, claro, deme unos minutos".

Fui al altar a decirle al bendito arcángel de este trabajo no, del otro (ja, ja, ja, ja, es una anécdota muy hermosa).

Pues desde ahí se inició una labor constante, poco a poco las personas se enteraban de mi presencia y me buscaban más y más, hasta que un buen día, en una plaza comercial, vi un letrero que decía, <Solicito tarotista>. ¡Yo con tiempo y ellos con suerte (disculpen la arrogancia del comentario pero la cosa es no hacer esto aburrido).

Bueno pues, el punto es que me dijeron, "Claro mira, aquí traes tus cartas y a las personas les ofreces tu lectura y estos productos y ganas tú la mitad y yo la otra mitad". Así que dije que claro que sí, y pensé, *aquí podré ayudar a más personas*, muy iluso yo. Las personas me daban su tarjeta personal y me decían, "Lo que necesites, márcame"; La jefa me decía, "Dame esa tarjeta, no puedes quedarte con los clientes que son de aquí", y pues se la daba sin problema.

Ahí me di cuenta que esto de la espiritualidad lo explotaban como negocio de forma injustificada.

Las personas llegaban con necesidades y se les vendían muchas cosas, pero no era lo que les ayudaría. Bueno, eso pensaba yo, igual y quizás yo era el equivocado. Vi a personas que fingían la voz para hacerse más atractivas a los clientes, otras que portaban ropajes muy extravagantes para llamar la atención, y así quizás las gente diría, "Mira, si se viste así, capaz que sí sabe, porque no le da pena vestirse de tal o cual forma". Otras personas caminaban con tremenda gallardía, como queriendo intimidar a quien los viera. Bueno, aquello que yo veía con tanta magia era un castillo que se iba desmoronando ante mis ojos:

chismes, groserías, quejas entre vecinos de trabajo, amanecían los pequeños locales con pequeños montones de sal negra y tierra.

Pues aquello era un ambiente muy bajo, energías bajas, y por eso un día decidí mejor abrir un local comercial donde realmente yo pudiera ayudar a las personas. Mi madre, por supuesto, me apoyó, así que inicié. Pero ¿cómo se llamaría aquel lugar? Ja, ja, ja, al no tener tiempo de planearlo, lo primero que se me ocurrió fue "Esotérico Virgo", mi signo y un término que habla del conocimiento de muchas disciplinas, así que a darle. Ahora iniciaba una etapa de trabajo constante.

Ahí se desarrollaron aquellos deseos de ayudar, de seguir alcanzando esa voz de luz que me motivaba y aquel susurro de "Brayan" que seguía presente. Todo fue marcando un tiempo perfecto, personas que hasta este momento permanecen en contacto y en comunión con nosotros. Aprendí muchísimo más del ser humano, desde personas que buscaban encontrar la fe hasta personas que directamente me preguntaban, "¿Cuánto me cobras por matar a alguien por medio de tu trabajo?", resultando que ese alguien era su propio hermano de sangre; personas que se dedicaban a situaciones difíciles y que querían reencontrar la paz en su alma, prostitutas que no sabían qué hacer para establecer su vida; jóvenes curiosos, personas que querían custodiar su trabajo para atraer grandes sumas de dinero, divorcios, pleitos familiares, suegras metiches, esposas dominantes, maridos golpeadores e infieles, hijos violentados y abusados, jóvenes en drogas, personas en adicciones, mujeres que deseaban casarse, bueno, de absolutamente todo. Así, mientras estudiaba derecho, también ayudaba a las personas en mi trabajo. Mis compañeros y profesores hasta hoy son mis pacientes, clientes: nosotros les llamamos "familia espiritual".

Instruí a dos mujeres jóvenes de mi edad, a quienes llevo en mi corazón con mucho gusto de saber que ese tiempo fueron parte de mi historia espiritual. Logramos abrir tres locales al mismo tiempo, sin darnos abasto para poder solucionar tantas situaciones (esto sucede cuando le pones el corazón a lo que haces).

Justamente en esa temporada de locales comerciales de ayuda espiritual, por medio de una publicación de circulación gratuita, un anuncio con mi teléfono que ni siquiera mandé a hacer yo, me llamó una mujer que buscaba una consulta espiritual. Cuando escuché su voz, me agradó mucho y sentí familiaridad. Fui muy amable con ella y me dijo fríamente, "Mejor llamo después", cosa que no me pareció adecuada y le volví a explicar que lo ideal era dar pasos y lograr el objetivo. "Si me llamó para una cita, hagamos la cita", logré convencerla y al colgar me regañé, preguntándome, *¿por qué casi le ruegas que venga, si es ella quien está buscando la ayuda?*

Ella era María Araceli, la que se convertiría en la dueña de mis quincenas. Mi Totalidad, mi esposa, mi compañera de vida, la parte de mi alma que me faltaba conocer, la voz de aquel susurro constante.

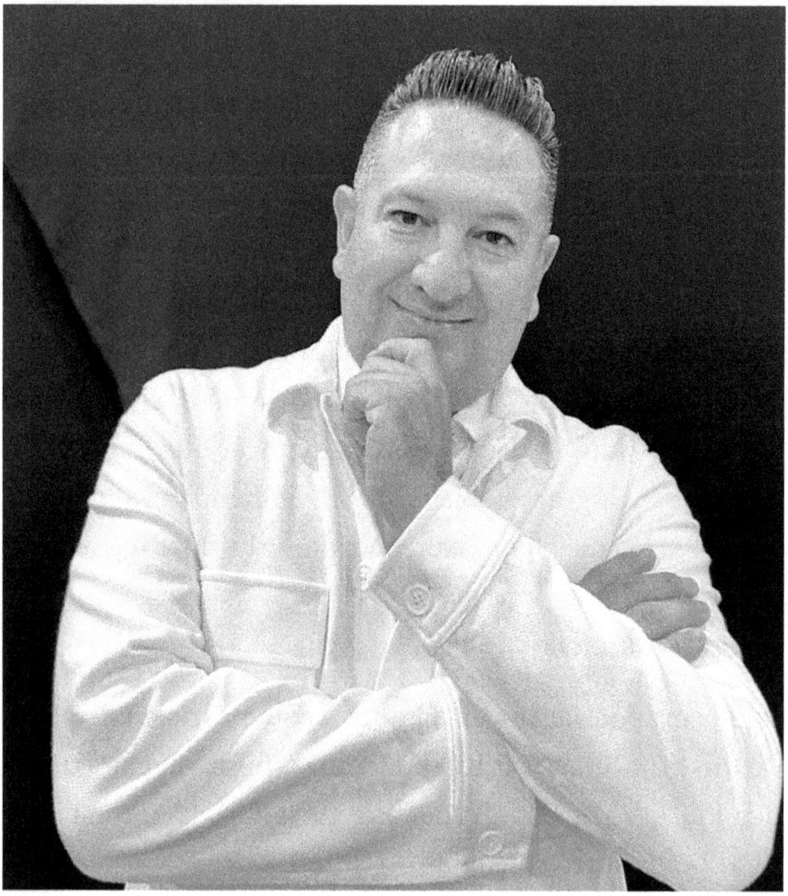

Mi comunicación con la Divinidad

Posiblemente este sea el tema más difícil de explicar o transmitir, debido a que todos tenemos ideas diferentes y una concepción mental distinta de lo que es la Divinidad, la fe o la misma espiritualidad. Desde nuestra percepción, la Divinidad es el plano dimensional más puro y perfecto donde habita nuestro Padre Supremo y todos los seres perfectos de luz que Él mismo ha creado; por ejemplo, los benditos arcángeles, los querubines, los serafines, etc.

Conforme fui creciendo, cuando iba despertando de un sueño profundo y aparentemente normal, escuchaba voces, palabras, frases, percibía aromas de flores, aire fresco, o sensaciones de haber estado en otro lugar, cansancio inexplicable, e información de nombres de personas que no conocía, historias de vida completas de gente desconocida, pero, eso sí, al despertar completamente había una respiración profunda que me hacía almacenar esta información de forma extraordinaria, se organizaba en los archivos de mi pensamiento. Me queda muy claro que me llevaré muchos señalamientos de loco, esquizofrénico, o inadaptado, pero yo puedo decir con claridad que esos fueron mis primeros momentos de conexión, a muy temprana edad, con la Divinidad. Escuchar voces en tu pensamiento, escuchar voces que llegan a tu oído sin ningún emisor vivo, es algo completamente distinto, el entorno cambia, el mismo aire que respiras cambia, tu piel y tus sentido reconocen la presencia de alguien bueno y también te alerta de alguna presencia negativa. También sé que muchas personas poseen esta sensibilidad, y lo fui descubriendo a lo largo de los años, dándome cuenta de que muchas de ellas alardeaban y presumían que podían hacer o tener alguna habilidad extrasensorial o espiritual, siendo yo quien detectaba que solo buscaban atención entre la misma gente.

Lo que a mí me sucedía no era un tema de conversación más que con mi familia cercana, y aun con ellos encontraba cierta indiferencia o preocupación, según fuera el caso. De todas esas voces, siempre hubo una que prevalecía, esa voz simplemente satisfacía por completo todo mi ser, me hacía sentir amado, protegido, fuerte, confiado, seguro, y al escucharla sabía que podría fluir y esperar soluciones. De esa manera crecí, y al no saber de quién era esa voz, cada vez me intrigaba más; buscaba entre aquellos hermanos que decían tener videncia, clarividencia o algún poder superior, que me revelaran el nombre de aquel ser que escuchaba dentro de mí, pues cuando yo lo preguntaba sólo me decía, *todo llega a su tiempo*.

En mi búsqueda encontré charlatanes, personas necesitadas de dinero que decían orientar a la gente por medio de lecturas de cartas, caracoles y otras mancias. No niego que muchos de ellos me sorprendieron en algún momento, pero todos, quizás sin quererlo, me mostraron con claridad sus mentiras y su parte oscura. Por lo mismo sentía frustración y en ocasiones llegué a pensar que quizás yo también podría volverme un estafador. Ese pensamiento se hizo fuerte en mi cabeza, pero era aún más fuerte mi deseo de ayudar y contribuir al crecimiento espiritual de las personas.

Pasado el tiempo y, como todo, iniciado, cometí muchos errores que bien puedo decir fueron muy humanos. Todo aquello me hizo aprender y agradecer lo bueno y lo malo que hasta entonces había sucedido en mi vida. Hasta que un día, después de tantas experiencias, viajes y labores espirituales, llegó una persona a mi vida que desafiaba por medio de su mirada mi pensamiento. Era la primera mirada que sentía que podía realmente ver a través de mí, con cierta incomodidad me enfrenté a ella en un dialogo de espiritualidad, de reconocimiento, creando magia y sensaciones de otro nivel.

Recuerdo que sus primeras palabras fueron: "En éste momento sé que estoy en el camino correcto porque alrededor de tu cabeza puedo ver un casco de tipo romano y poco a poco se revela cada vez más un hermoso ser divino y sé que es quien protege tu vida, el arcángel San Miguel".

Ella empezó a llorar, observando mi cabeza, y se apretaba las manos en signo de emoción, al tiempo que decía, "Gracias, Dios mío, por traerme hasta aquí".

Desde ese momento constaté que mi sospecha desde los trece años de edad era cierta, el arcángel San Miguel regía mi vida, esa voz interna siempre fue la de él, esa presencia amorosa *es* la de él. Mis emociones explotaban en alegría absoluta, mi confianza hacia él fue total, y hasta hoy en día soy de él y para él.

Lo que eran pequeñas frases y palabras del bendito arcángel San Miguel hacia mi persona se convirtieron en horas de dialogo, en respuestas y soluciones a todas mis preguntas para formarme como un guía espiritual de la mano de mi esposa. Y juntos, en compañía de tres arcángeles más, continuamos con la lucha de todo un linaje para mantener el equilibrio, la paz y la prosperidad de muchas almas en la tierra.

Hoy sé que puedo aconsejarlos para comunicarse con la Divinidad. La única línea de comunicación con ellos es el amor, puedes llamarlos con humildad, recibir sus mensajes con fe absoluta, saber que son ellos por medio de tu juicio, comprendiendo que todo será siempre bueno a partir de su cercanía. Te ríes de tan sólo pensarlo, te alegras de saber que están contigo, te diviertes porque sabes que te acompañan y te haces sabio porque quizás, sin darte cuenta, ya los has escuchado.

Los arcángeles benditos nos formaron como guías para lograr que tú accedas a esa comunicación desde tu propia naturaleza, con tus propias habilidades, sabiendo que eres perfectamente como Dios quería que fueras. Y recuerda que no somos superiores a ti, solo tenemos misiones de vida distintas, y todas las misiones de luz siempre aportan a la humanidad.

La muerte material: Dando paso a una vida espiritual

Para todos es normal que la gente muera; sufrimos, lloramos, pero la verdad es que todos aprendemos a vivir con esas pérdidas. Bueno, esa es la idea más positiva:

no olvidas, pero aprendes a vivir sin esas personas que amaste tanto.

En mi caso ha sido algo realmente crudo. Uso ésta palabra porque, a diferencia de otros, mi esposa y yo teníamos muchísimos planes. El punto aquí es que cuatro benditos arcángeles nos formaron y prepararon para combatir oscuridad, energías siniestras, esas que hacen que el hombre destruya, se destruya a sí mismo, y use el mundo como su lugar de pruebas de destrucción. Cada día que pasa tengo presente la gran tragedia de haberla perdido físicamente.

Hoy estoy justo en el lugar de aquel día fatal, ese día que conocí el infierno en la tierra, la soledad masiva de mente y alma, la cruda verdad de ver el cuerpo vacío de mi esposa, y el mundo seguía respirando y actuando igual que siempre. Eso me dio muchísimo enojo en el momento, aunque al instante ya pensaba en cómo iba a acabar mi vida. Quizás en unos instantes más, tal vez unos días o unos meses, el mundo se vino encima. ¿Y qué hice? Llorar, desesperarme, relajarme y volver a lo mismo, simplemente vivir en la cruda realidad. Sé que si no has perdido a alguien amado, no sabes de lo que estoy hablando, pero lamentablemente un día vas a pasar por lo mismo.

¿Prepararse? Pues no, no hay una preparación que baste para algo así, pero sí hay algo que en mi caso me resultó y que me hace despertar con ganas, con amor a la vida y con la fortaleza de pensar y decir, "vamos a darle alegría a esta cruda realidad". Haber sido guiado por los arcángeles me hizo saber que la fe debe ser indestructible, reconocer que Dios está y estará presente siempre, que mi esposa dejó este plano porque su energía ya era muchísimo más grande que su cuerpo y es por eso que necesitaba expandir su vibración para ayudar a mucha gente más. Y ¿qué creen? Al morir en luz, ella sigue aquí conmigo, la siento cerca, como si su suspiro ahora fuera una ola de energía que entra en mi pensamiento y me deja saber que todo está bien y estará muchísimo mejor (sin ella físicamente).

Pero ella se refiere al mundo, a sacrificios que deben ser de alma y de corazón. ¿No les suena conocido? ¡Así es! Nuestro amado Jesucristo hizo lo mismo de manera distinta en tiempo distinto, pero con la misma finalidad. Nosotros no queremos fama o reconocimiento, solo deseamos que con estas líneas toquemos tu corazón y puedas formar parte de la gente de bien que lucha por hacer un mundo feliz donde los niños puedan jugar libremente sin estar cuidándolos de que algún desquiciado quiera llevárselos para x situación; donde, si se cae algo, seamos honestos y transparentes para regresar al dueño sus pertenencias; quizás si alguien cae desmayado poder auxiliarle sin robar sus cosas, dejar de ver ventajas sólo por la vulnerabilidad de los demás.

En fin: enamórate de tu cruda realidad. La gente que se va, se va a ser mejor para sí misma y para todos los demás.

Tienes dos opciones, la primera es sufrir toda la vida que te resta en depresión y atraer más oscuridad a tu ser, poniendo como pretexto esa pérdida para todo lo que haces; o reír y llorar de la felicidad de haber pasado algún tiempo con esa persona amada, igual no lo podrás remediar, está más allá de ti. Reconoce que fuiste bendecido al gozar de esa existencia, de que sus días y tiempo necesario fueron para ti, te dio lo que tenía que darte y aquí entra la gran interrogante que hace que todos sufran: ¿Tú entregaste todo lo que tenías que dar?

Por aquí llegamos a ese punto en el que nos decimos, "Si en este momento algo me sucede, estoy feliz porque estoy contigo y con los arcángeles". Deseamos que llegues a este punto de luz que jamás se va a ir de ti.

Feliz cruda realidad, es sólo una nueva etapa de vida, ¡gózala!

El alma

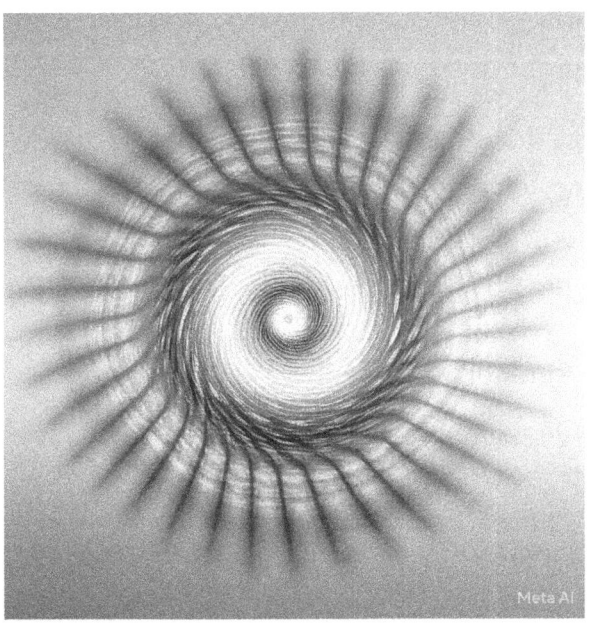

Vamos a iniciar con el tema principal, la médula espinal de este libro. Justamente el alma es lo más importante por conocer, por reconocer y por admirar, ya que allí se encuentra la magia pura de Dios. Todos los tesoros más grandes de una persona están acumulados en el alma, es como una caja de Pandora donde se resguardan los sentimientos más puros, las sensaciones de agrado que se van experimentando a lo largo de la vida, las ilusiones, los deseos, las fantasías, el sabor de la alegría y la constante picardía de los momentos más bellos con terceras personas. El alma se asemeja a un cumulo de luz brillante, formada por destellos luminosos, y se encuentra a la altura del pecho. Es un destello de luz pura y perfecta del cual está formado nuestro Padre Eterno y Creador, quien en su Divinidad Suprema nos regala esa luz a cada uno de los seres humanos que tenemos la dicha de ser procreados para cumplir una misión específica.

Dentro de esa alma, cada ser humano guarda el hogar de su propio ángel guardián, por eso es tan importante...

1. Aprender de su existencia
2. Aprender a protegerla
3. Aprender a alimentarla
4. Que aprenda a comunicarse con el pensamiento
5. Crear tu propia magia
6. Evolucionar en el momento indicado

1. Aprender de la existencia del alma

Al hablar de algo que no podemos ver, como el alma, muchos seres humanos corrompen el concepto y malinterpretan lo extraordinario para convertirlo en algo común, ordinario, y sin sentido. Para poder saber que tienes un alma, debes analizar con claridad y honestidad todo aquello que no puedes ver, por ejemplo tus sentimientos, el amor, la tristeza, la desesperación o la alegría, pues nunca nadie te dijo que existe un sistema límbico encargado de hacerte sentir, sin embargo, ya nacemos con esa información.

Aquí la pregunta sería de quién, de dónde, surge esa información. La única respuesta es Dios, ese otro mundo espiritual que nos hace ser únicos, sentirnos especiales tan solo por vivir.

Otro ejemplo es analizar las malas rachas donde no hay dinero, problemas amorosos, enfermedad y malos pensamientos. Si nos ponemos a pensar de dónde proviene esa cadena de mala energía, vamos a encontrar que justamente llega del mundo espiritual, pero del lado oscuro. Por eso es importante que cada ser humano reconozca lo que desea para sí mismo, la existencia de su alma en luz o su permanencia constante entre la oscuridad. Pues aquí el libre albedrio te permite evolucionar rápidamente o mantener un estancamiento donde tu felicidad solo sean palabras huecas.

Tienes la oportunidad de ignorar el alma y su magia, pero al mismo tiempo estarás ignorando la posibilidad de evolución dentro del mundo espiritual. Quizás puedas ser un perfecto catedrático en alguna materia del conocimiento humano, pero si dentro de ese aprendizaje no reconoces lo que te impulsó a lograrlo, habrás tenido éxito sin sentido, diplomas sin satisfacción, como una máquina que produce algún objeto y cuando se descompone solo es reemplazada. La magia del alma no solo produce un éxito ante los ojos de los demás, también deja una huella imborrable que todos podrán reconocer sin importar la distancia; formarías un legado y serías recordado como alguien que aportó a la humanidad su pensamiento, su energía, cumpliendo su misión de vida y gozando de satisfacciones cálidas, mostrando principalmente a personas más jóvenes el ejemplo de hacer a un lado la oscuridad para poder brillar con esa luz propia que ya contiene su alma gracias a la luz de Dios.

Según nuestra concepción del mundo, existen tres tipos de inteligencia y sin ellas el ser humano no puede elevar su nivel de vida.

- Inteligencia material
- Inteligencia emocional
- Inteligencia espiritual

Inteligencia material

La inteligencia material es todo el aprendizaje que desde pequeños nos proporciona una tercera persona, los padres, los familiares, nuestros maestros, amigos o conocidos. A partir del ejemplo y de la experiencia vamos nutriendo esta inteligencia, desarrollando habilidades y potencializando nuestros propios resultados; por ejemplo, aprender a escribir, a hablar, comunicarnos, o integrarnos a algún grupo de actividades deportivas.

Inteligencia emocional

La inteligencia emocional es el cúmulo de experiencias que a través del sistema límbico vamos reconociendo y recordando, es decir, los sentimientos que experimentamos desde muy temprana edad: el amor, la alegría, la tristeza o el miedo.

Inteligencia espiritual

Aquí entra la magia de la luz de Dios, pues es el turno del ser punta de lanza, mejor conocido como ángel de la guarda, para integrar en tu pensamiento estrategias de vida, compartiendo su propia experiencia del momento en que vivió, provocando en tu existir una mayor facilidad para desplazarte en la bella aventura que es la vida.

2. ¿Cómo aprender a proteger el alma?

Si bien es cierto que existe una lucha eterna entre el bien y el mal, aprender a protegernos es incluso un instinto de supervivencia. De la misma forma en que el ser humano aprendió a protegerse de las bestias, de esa misma manera desarrolló un sistema espiritual para protegerse, pues los ángeles guardianes, en nuestras palabras "seres punta de lanza", proporcionan en un alma en luz diferentes alertas para prevenir accidentes, malos encuentros, enfrentamientos innecesarios, ser detectados por la oscuridad o ser víctimas de todas las negatividades que puede generar las fuerzas de baja frecuencia.

Aquí debemos hablar con seriedad de la responsabilidad, pues cada uno, desde el momento que la propia familia nos enseña a respetarnos a nosotros mismos, también debería aprender, a muy temprana edad, las múltiples responsabilidades sobre la propia persona, empezando por tener buenos hábitos, pues dormir, comer a tus horas, etc., es un indicativo de amor propio y amor hacia tus semejantes, ya que va a permitir que durante tus horas de sueño tu ser punta de lanza pueda restaurar todas esas situaciones adversas que pudiste haber vivido el día anterior. Así fortalecerá tu pensamiento, tu energía y, desde luego, tu alma.

Tú y solo tú eres responsable al 100% de la protección de tu alma al reconocer que la espiritualidad es básica para una absoluta protección.

3. ¿Cómo aprender a alimentar el alma?

Una vez que sepas lo que es el alma, que logres sentir su esencia en ti, entonces podrás comprender la manera de alimentarla, pues nacerá un amor indescriptible en ti por esa espiritualidad que quizás nunca habías comprendido tanto. Ahí nace la magia del amor propio.

Parte del autoestima del que tanto se habla surge de una relación entre los pensamientos y la energía que emite cada uno de ellos, y mira que son millones en cada cerebro. Por eso mismo alimentar un alma es complejo y sencillo a la vez: complejo para quienes no han comprendido lo inicial y sencillo para quienes han pasado ese nivel de comprensión y hoy lo que hacen es explotar su energía en luz para el bien propio y de las almas en general.

Una persona que no sabe expresar su amor es alguien que no sabe alimentar su alma, pues de una relación amorosa en cualquier sentido surge un vaivén de sensaciones dentro de la comunicación, alimentando pensamientos, egos, espíritu y, desde luego, el alma. En otros casos existen personas que prefieren callar y dejar pasar la vida a pesar de sentir, dejando a un lado su propio deseo e ilusiones. En estos casos la labor del ángel guardián es presentarles un camino de luz adecuado para que salgan de ese estancamiento espiritual y aprendan a alimentar esa parte de su vida que no se habían permitido satisfacer.

Las personas que se dicen solas o abandonadas en realidad manifiestan un "ayúdame", pues es una forma de decir "acompáñame en aquello que me hace sufrir o que me ha estancado". Esas personas claramente buscan que cualquiera alimente sus almas y esto es uno de los grandes peligros para el ser humano, pues aquí es donde se cometen los errores más grandes, como en la elección de una pareja, ilusionarse fácilmente con algún ofrecimiento o dejarse influenciar por cualquier persona. Si en este punto esa alma triste encuentra a alguien guiado por la oscuridad, se convierte en una presa fácil, pues en el cúmulo de sus problemas vendrá ese alguien que solucionará con mentiras y espejismos, mostrándoles una vida de placeres y excesos donde se sentirán acompañados y, al final, descubrirán su realidad al encontrarse en una soledad todavía más grave y sin soluciones.

Todas las actividades que te provocan alegría siempre van a alimentar tu alma (aclaramos que nada en exceso es recomendable), por ejemplo: la práctica de algún deporte te permite socializar, conecta tu espíritu de competencia, desarrolla tus habilidades físicas, compromete tu pensamiento, tus sentimientos y tu espiritualidad, pues se producen en ti sensaciones de amistad, de compromiso, de lealtad y de victoria. El arte en todas sus formas es otra manera de expresar tus sentimientos y aquello que quizás no dicen tus palabras, de esa manera manifiestas tu energía hacia el exterior, recibiendo también el aplauso o la desaprobación, formando en ti un camino a seguir para el desarrollo histriónico.

Cuando una persona se encuentra enferma debe acudir inmediatamente a las actividades que le sea posible realizar para alimentar su alma y combatir aquella baja vibración que le enfermó. Nuestro consejo para todos es canta, baila, y nunca dejes de sonreír (terapia diaria para enseñarte a ser feliz).

4. Que el alma aprenda a comunicarse con el pensamiento

Si ya sabemos que el alma es inmensa, perfecta e infinita, debemos saber que el pensamiento es infinito, por lo tanto, a cada individuo le corresponde determinar de qué llenará ese infinito de su pensamiento.

La espiritualidad es el único camino para poder establecer una comunicación real entre el alma y el pensamiento, solo ahí encontraremos las múltiples fórmulas por medio de las cuales ese pensamiento logrará hacerse notar, explotando su creatividad y marcando la diferencia.

Un ejemplo de esto:

El alma viene siendo el conocimiento supremo, muy similar, materialmente hablando, a toda la información que posee el internet actualmente, y el pensamiento vendría siendo como el celular o el CPU de alguien. Al final, lo que buscas lo encuentras, eres lo que lees, eres lo que tu pensamiento ha encontrado en su infinito, con sus permisos y sus negaciones. Es por esto que la comunicación entre el alma y el pensamiento es primordial para un buen desarrollo como individuo.

Siempre que te preguntes, "¿de dónde me surgió ésta o tal idea?" Tu única respuesta es el ALMA, pues también debes de saber que el mundo espiritual rige por completo al mundo material, y tu propia alma te indica el camino para que tengas la libertad de explorarlo y vivirlo a tu forma, entendiendo que solo hay dos caminos, el de la luz y el de la oscuridad, cada uno con sus responsabilidades y consecuencias, según sea el caso.

5. ¿Cómo crear tu propia magia desde el alma?

Lo vamos a explicar de una manera muy sencilla.

Conforme crecemos, nuestras familias nos proveen de herramientas para la vida, nos dejan conocer diferentes actividades entre las cuales vamos eligiendo lo que es de nuestro gusto o incluso lo que nos apasiona. Pondremos como ejemplo a todas las personas que nos gusta la música:

De todas esas personas, algunos eligen ir más allá y aprender a tocar algún instrumento musical. Vamos a elegir a aquellos que aprendieron a tocar la guitarra con todas sus escalas musicales. Ellos posiblemente iniciaron practicando con alguna melodía que ya existía, otros quizás dominaron diferentes ritmos musicales, pero de todos ellos algunos decidieron profundizar, echando a volar su imaginación, conectando con sus sentimientos, resumiendo sus experiencias, y es aquí donde se crea la magia, cuando se vuelven autores de sus propias melodías, compositores de su propio estilo, obteniendo como resultado lo que para ellos es una joya muy valiosa. Esa joya representa el fruto de todo un camino labrado, de un gran recorrido, obteniendo, nuevamente, un aplauso o la desaprobación de su público.

¿Qué estás haciendo en este momento, para labrar tu camino, profundizar y crear tu magia? Justamente a eso venimos a este mundo, a elegir nuestro campo de actividad, amando lo que hacemos, profundizar hasta crear nuestra propia magia, pues a partir de ello surgen las grandes y maravillosas aportaciones al mundo entero.

6. ¿Cómo evoluciona el alma y cuál es el momento indicado?

Desde el momento en que nuestro Padre Eterno decide formar un nuevo linaje espiritual, otorga con amor una luz resplandeciente en el vientre de una mujer, provocando así el inicio de la vida de un ser de luz y de un linaje espiritual de acuerdo a la vida que esa persona forje en su existencia. Esa alma se irá nutriendo de información mundana, pues la perfección y la sabiduría ya venían en su propia constitución, en el sube y baja de frecuencias vibratorias. Esa alma reconocerá con claridad su origen y su rumbo y solo hasta que el mismo Padre Eterno determine los años de vida de esa persona será el momento indicado para que esa alma evolucione y se eleve a la luz perfecta, eliminando lo que no será de su importancia, restaurándose y programándose para volver a bajar a la tierra en el vientre de otra mujer, pero ahora con un ser punta de lanza, quien traerá la experiencia de los sentidos de la vida a un alma joven, inexperta, ante los ojos materiales, pero brillante ante los ojos espirituales.

De esta manera se enfrentan el bien y el mal por la corrupción del alma o el perdón de sus pecados. He ahí el deseo de la oscuridad: apagar el brillo y la intensidad del amor propio del ser humano.

¿Qué es el alma?

El alma es un cúmulo bendito de energía, perfecto, infinito, lleno de sabiduría, sentimientos positivos y luz. Es un pedacito de Dios Padre Eterno Todopoderoso.

Nos proporciona esa energía divina para poder pensar, movernos, comunicarnos, cumplir nuestra misión de vida y evolucionar.

Está ubicada en el centro del pecho, y genera una espiral de luces de colores hermosos que cubren todo el cuerpo, creando así el aura, que es perceptible solo para clarividentes.

¿Qué es el aura?

Es un campo magnético espiritual que surge del alma en forma de espiral de destellos de luz de colores claros.

Representa la vida de la persona.

Su energía permite a cada persona vibrar lo que existe energética y espiritualmente.

¿Qué es un ser punta de lanza o ángel guardián?

Desde que somos concebidos, Dios Padre Eterno nos envía un ser de luz que guía nuestros pasos, protege nuestra alma y nos ayuda a mantener un aura en luz. Nuestro cuerpo es su hogar.

Se comunican por medio de sueños, sensaciones, emociones, olores, voces del alma, mensajes divinos, y se hacen presentes a través de nuestros talentos y habilidades con la finalidad de cumplir una misión de vida individual.

¿Qué es la misión de vida?

Se le llama así al objetivo por el cual el Padre Eterno te permitió nacer. Es el tiempo otorgado para poder evolucionar en consciencia, siendo tal cual como eres físicamente. Es la manera en que la divinidad te ha creado para cumplir tu principal objetivo de vida, que es ser feliz de la mano de tu ser de luz, amándote y aceptando tu propia persona, haciendo bien por ti y por tu entorno con verdad, amor, incluso viviendo de eso que te hace feliz sin dañar nunca a nadie.

¿Qué es el linaje espiritual?

Son las vidas pasadas que tu alma posee, cada una de ellas con sabiduría (talentos y habilidades), pues ya se presentó con el Padre Eterno y regresó a la vida. Ahora, como tu ángel guardián, desarrollan distintas misiones y optimizan lo positivo, lo agradable, lo trascendental, las emociones, etc.

Cada vida (ser de luz) se activa según tu aporte a la humanidad o por medio de tu elevación espiritual en luz.

Diferencia entre energía divina y luz divina

La energía divina es la fuerza que nos otorga Dios en el alma para poder movernos, pensar, comunicarnos, percibir el mundo y los sentimientos, por explicarlo de manera concreta.

La luz divina, por otra parte, es la claridad de pensamiento que se tiene, se obtiene y se puede recibir por parte de la luz de Dios en general (Dios, arcángeles, ángeles, seres de luz, elegidos en luz), para tomar decisiones adecuadas.

Vibrar es percibir el mundo exterior, todo lo que a partir de nuestro cuerpo es captado por nuestros sentidos (frío, calor, miedo).

Sentir es la capacidad del cuerpo humano de percibir su estado natural. Todo aquello que experimentamos dentro de nuestro cuerpo físico (dolores, punzadas, estremecimiento, amor, etc.).

Arcángel Eunice

Se le festeja el 26 de septiembre.

Mensajero divino por excelencia:

Soy el arcángel Eunice.

Soy el mensajero divino de Dios.

Soy quien guía a tu ángel guardián.

Soy quien despierta tu espiritualidad.

Soy quien toca tu alma con el amor que me creó.

No me conoces porque hasta el año 2013 mi padre permitió que mi nombre fuera conocido por el mundo.

Llámame con amor, visualizando un rayo de luz color anaranjado, y podrás sentirme muy cerca.

Te escucharé siempre que me hables con verdad y te daré mi luz sanadora.

Arcángel Kalil

Se le festeja el 27 de septiembre y es el transportador de luz en el mundo.

Soy el arcángel Kalil.

Soy el transportador espiritual.

Soy quien lleva luz a tu pensamiento.

Soy quien alimenta tu energía mental.

Soy quien siembra amor en tu alma.

No me conoces porque hasta el año 2013 mi padre permitió que mi nombre fuera conocido por el mundo.

Llámame con amor, visualizando un rayo de luz color amarillo, y podrás sentirme muy cerca.

Me presento en tus más hermosos sueños y organizo tu mente con prosperidad, sólo llámame antes de salir de casa y antes de dormir, ahí estaré, pendiente de ti.

Arcángel San Rafael

Se le festeja el 28 de septiembre, y es el médico divino por excelencia.

Soy quien sana tu energía de aura.

Soy quien sana tu energía del cuerpo.

Soy quien sana tus órganos.

Soy quien recomienda los hábitos positivos para gozar de salud plena.

Soy quien motiva los avances médicos en el mundo entero, escúchame.

Muchos me piden salud para sus enfermos, pero ellos lastimaron su cuerpo todo el tiempo; recuerden que cada uno decide cuidarse o lastimarse.

Lucho contra la oscuridad de los vicios, la falta de fe, la falta de amor propio. Visualiza un rayo verde y llama mi presencia con amor y honestidad, ahí estaré, aunque no me puedan ver, pero siente mi luz en tu corazón, jamás los dejaré solos.

Dios me encomendó la medicina en general y todos sus logros, vamos mejorando. Necesito de almas buenas y disciplinadas.

Arcángel San Miguel

Se le festeja el 29 de septiembre. Es el capitán de los ejércitos celestiales, protector de las almas.

*Soy quien Dios creador encomendó para
cuidar de las almas buenas.*

Soy quien te defiende de la oscuridad.

Soy quien suaviza tu destino si luchas por cumplir tu misión de vida.

Soy quien resguarda tu trabajo y patrimonio de energías negativas.

Te hago invisible ante la oscuridad.

Soy la luz que rescata a los arrepentidos de haber creído en fuerzas oscuras.

Visualiza con el más grande amor el rayo azul y háblame. No esperes a ver más destrucción, es tiempo de reconocerte como guerrero dentro del ejército de luz en tierra. Te guiaré a desarrollar tus dones espirituales, te protegeré al inicio y, una vez formado, tu amor abrazará a muchos hermanos que necesitan fe, confianza y luz.

Te espero en mi Casa de Luz Arcángeles.

Los benditos arcángeles

La Luz Suprema, o, como lo conocemos, el Padre Creador, ha designado como sus brazos derechos a los benditos arcángeles, seres de luz con divinidad absoluta y perfección. Millones de ellos cuidan el equilibrio del universo y todas sus dimensiones, es por eso que los arcángeles llevan el mismo camino que el Creador: evolución, restauración y equilibrio.

Evoluciona todo aquel ser vivo que posee una energía desde la madre naturaleza, aquel que realiza cambios para su supervivencia y adaptabilidad.

La restauración significa reparar, desde la divinidad, los daños profundos que puede desencadenar la destrucción de la vida humana. Y se equilibra todo aquello que merece justicia, paz y armonía.

El hombre ha preferido darle importancia a todo lo que le produce satisfacción en su cuerpo, o incluso alterando su mente sin darse cuenta que desplaza lo más valioso, su conexión con la divinidad. Todos los seres humanos poseen la bendición de poder conectar y contactar con ángeles y arcángeles, pero en sus pensamientos impuros, bajos y vulgares, prefieren omitir los llamados de un ser supremo, sin saber que automáticamente se hacen acreedores de enseñanzas, que aquí las conocen como "castigos", pues con la luz de Dios no se juega y el ser humano debe aprender que el respeto a las jerarquías espirituales es básico para la evolución y el desarrollo de la raza humana.

Es normal que al recibir un llamado de luz en el pensamiento, en los sueños o en las actividades diarias, se acerque la oscuridad para hacerte creer que no es verdad que estás divagando o que te están engañando, pero ¿qué engaño habrá en un pensamiento individual? Si tú eres quien recibe el mensaje, *esa* será tu verdad.

A lo largo de los años, la oscuridad se ha encargado de destruir los preceptos de luz, de transformarlos o suavizarlos para que le sea más fácil corromper y usurpar. Hoy en día es triste expresar que algunas personas jóvenes son las principales responsables del deterioro humano, pues en lugar de esforzarse para descubrir un bienestar común, se esfuerzan para destruir, separar o señalar lo que a sus ojos es insignificante.

Cada una de las personas que lee éstas líneas debe hacerse responsable de hacer cumplir en su vida una aportación para sí mismo y de ahí una aportación para el mundo, como sembrar un árbol, crear una melodía o incluso hacer una oración. Su alma está preparada para formar parte del cambio que necesita esta humanidad, solo se requiere tu alegría constante, tu constancia y tu esfuerzo. Tu resultado siempre será valioso y el mundo espiritual te respaldará para brillar en aquellos lugares donde tu alma deberá radicar, echar raíces y dejar un legado.

Si tu alma necesita ayuda y te sientes confundido, te sugiero dejar los miedos y la inseguridad; busca lugares como este, donde los guías espirituales siempre te proporcionen la fe, la esperanza y la caridad. Recuerda que una persona de luz siempre te dará soluciones de luz, te provocará sensaciones de paz, de tranquilidad y de armonía. Por el contrario, aléjate de aquellas personas que te produzcan miedo, advertencias o placeres sin sentido.

Las palabras de los seres de luz

El arcángel San Miguel, como máxima autoridad en la Casa de Luz Arcángeles, resguarda el pensamiento y el alma de todos sus fieles. En aquellas almas que han llegado hasta aquí, se necesita cumplir con una lealtad a su Divinidad por medio del siguiente juramento al arcángel.

Juramento al arcángel San Miguel

Por la vida conferida y otorgada del supremo, invocamos la presencia de nuestro señor Jesús, quien con su sacrificio salvó tantas almas, a Él y a sus misioneros pedimos su intervención y presencia. Aunque el velo de los ojos humanos no nos permitan verles, suplicamos su voto de confianza para recibir las bendiciones del ejercito celestial y en particular del glorioso San Miguel Arcángel, para que guiados por su luz seamos dignos de su pureza, libres del maligno, piadosos ante los hermanos que sufren y abiertos a las lecciones que nos da.

Prometemos honrarle como el magnífico protector de Dios nuestro Señor y cuidador de las almas humanas, asimismo servirle como soldados terrenales en las pruebas ante el mal y con su infinita misericordia conducirnos por un camino bueno, cumpliendo con su voluntad y mandamientos.

Amén, Jesús y Señor de los Cielos, que tu divinidad interceda por todos nosotros. Amén.

Mandamientos del arcángel San Miguel
(para pertenecer a su gracia divina)

- Encadenarás a los demonios encarnados o desencarnados, tanto en el cielo como en la tierra.

- Devolverás al indigno la oportunidad de reivindicación espiritual.

- Respetarás a tus guías de grado, así como a transmisores de luz por todo el mundo.

- Fortalecerás el amplio grupo que sigue al celeste y a sus soldados.

La misión de ser fiel a la gracia divina sigue en pie. Debemos confirmar nuestra fe, nuestra fuerza y amor, pues todos ellos son elementos concedidos por el Altísimo, en el nombre de la luz de San Miguel Arcángel, protector de los cielos y las almas que luchan por el bien en la tierra.

1 de Marzo 2013

El bendito arcángel Eunice, mensajero de luz por excelencia, llega a pronunciar tres mensajes a la Totalidad:

1. María Araceli y Brayan, esposos en muchas otras vidas, llevan consigo una misión de luz. En una de esas vidas anteriores ambos fueron asesinados, por esa razón siguen con la batalla contra la oscuridad, cumpliendo ésta misión, erradicando a la oscuridad por medio de la luz bendita del Supremo, con la unión de la Totalidad y como estandarte las cuatro divinidades guerreras.

2. La Totalidad tiene la facultad de entrar incluso a lo prohibido, justamente donde no hay luz para poder rescatar almas que fueron lastimados, confundidas y llevadas al olvido. Dios y los arcángeles siempre ayudarán a la Totalidad en esta lucha sin miedos y sin titubeos.

3. Se van a seguir recibiendo mensajes de manera constante para continuar el camino de la misión donde Brayan será el guía absoluto del

espacio espiritual de luz, y María Araceli su complemento. Bendiciones y paz a ésta Casa de Luz.

El día 26 de septiembre se festeja la luz del arcángel Eunice, quien, por medio de su perfección, orienta a todas las almas como mensajero divino a través del cual se manifiesta el camino a seguir para que cada hermano encuentre su misión de vida. Es el encargado de elevar la calidad del alma de cada persona y a través de la Totalidad será dado a conocer en el mundo entero este bendito arcángel Eunice.

Ha prometido presentarse siempre que las personas que estén a un lado de la Totalidad lo merezcan y lo necesiten.

*"Para la luz no hay imposibles,
solamente para el hombre".*

Arcángel Eunice

En las vidas pasadas de la Totalidad, se había intentado iniciar con un espacio de luz o un templo espiritual, misión que fue interrumpida por la oscuridad. Gracias a la entrega total de esta Totalidad, aquellas muertes trágicas se sanaron automáticamente y por la luz divina se vuelve a abrir camino volviendo a nacer en un gran cúmulo de luz en manos de ese gran amor, llevando a cabo así una luz de perdón por ser diferentes por ver la vida con amor y saber que no están solos enfrentando la vida e incluso la muerte.

Misión de vida

Desde el momento en que somos concebidos, ya tenemos determinado un destino por nuestro Padre Creador, desde el lugar donde nacemos, la familia con la que crecemos, nuestros rasgos físicos, nuestras habilidades y talentos naturales. Desde muy temprana edad identificamos nuestros gustos, ciertos placeres, con la finalidad de cubrir nuestras necesidades personales en la medida que vamos eligiendo y seleccionando el rumbo de nuestras vidas.

Independientemente de la edad que se tiene, cada uno es dueño de sus elecciones. Nuestra primer maestra de vida es nuestra familia, y, aunque los padres o abuelos nos sugieran estudiar o dedicarnos a algo en especial que a su parecer sería más conveniente, la gran realidad es que el mundo espiritual que siempre está y estará presente nos van a indicar el verdadero camino.

¿Para que nací?: esta es una de las preguntas que todo ser humano se hace en algún momento de la vida, regularmente cuando hay una baja energía o estás pasando por incertidumbre. El alma, como ya lo hemos dicho, es la perfección divina que nos motiva constantemente a preguntarnos el porqué de todas las cosas. El ser humano se ha encontrado con límites en el conocimiento del mismo mundo porque después de ese límite ya le corresponde al mundo espiritual el dominio y protección de esa sabiduría, por lo tanto esa pregunta se va respondiendo a lo largo de la vida en la medida de tu satisfacción y felicidad personalísima.

Debes recordar que, antes de hacer feliz a alguien, debes aprender a hacerte feliz a ti mismo. De esta manera descubrirás la valía y profundidad de tu pensamiento, reconociendo todo aquello que te hace feliz y reproduciendo esos momentos, de tal manera que iras perfeccionando el talento y herramienta que la misma vida te otorga para vivir feliz. Cabe aclarar que no es nada fácil reconocer este camino o misión de vida si está alejado de la luz de Dios, lo que sí te aseguramos es que en la buena práctica de tu espiritualidad te será más sencillo reconocer con claridad tu misión de vida, tomando en cuenta que a más temprana edad podrás reconocer tu creatividad e innovación espiritual, siendo así precursor de una nueva línea de luz independientemente de tu oficio o profesión.

La voluntad de cada persona es indispensable para poderse abrir a la luz de Dios y conectar con todas sus manifestaciones divinas. La nobleza, la pureza, la inteligencia material, la inteligencia espiritual y la inteligencia emocional deben ser desarrolladas para identificar con claridad tus propias determinaciones de vida. Unas buenas vacaciones deberían de servir para el descanso de la mente, abandonar la preocupación, y dejar que el instinto espiritual indique el camino a seguir. Esto último, sobre todo, es recomendable para aquellas personas que se confunden fácilmente, que tienen una baja autoestima o que tienen una fe débil. Con una actitud de honestidad, absoluta franqueza y la disponibilidad de cambio en los pensamientos, en las palabras y en las acciones, siendo justos y equilibrados, claramente podrás visualizar cuál es tu misión de vida.

Uno de los errores más graves del ser humano es dejar las cosas a la mitad, procrastinar, pues, debido a sus necesidades económicas, muchas veces abandonan sus pasiones y sus alegrías, sometiéndose a horas de trabajo de insatisfacción con la finalidad de sufragar sus gastos, sin saber que sus talentos y habilidades naturales, acompañados de su profesión u oficio, son clave esencial para alcanzar su misión de vida. Ninguna persona debería llegar a casa después de su jornada laboral con cansancio, hartazgo o fastidio. Por el contrario, una de las formas de saber si estás en el camino correcto para alcanzar tu misión de vida es justamente tu actitud de alegría, tus manifestaciones de satisfacción y tus diálogos de experiencia, compartiendo lo hermoso que es vivir y ganar dinero haciendo lo que más te gusta sin mentir o falsear tu identidad.

La otra cara de la moneda son las personas que se engañan a sí mismas, manifestando en sus palabras una satisfacción absoluta como decretando al universo que todo será grato si lo repites constantemente, cuando la gran realidad es que los cambios dependen de ti para obtener resultados favorables, tú haces que accione el universo a tu favor.

Otro de los errores del ser humano es escuchar la palabra de personas que te aman, siguiendo sugerencias que simplemente no se acercan a lo que a tu destino le corresponde. Cuando la persona se encuentra bajo la influencia de una oscuridad nivel 3, 4 o 5, vive atormentada y confundida, y aunque le es posible disfrutar de algunos pequeños momentos, diversiones o pasiones, de la misma manera esas energías de baja frecuencia buscarán ensuciar en su pensamiento todo aquello que nutre tu alma.

Una clave esencial para reconocer tu misión de vida es poder sentir la fe en ti mismo, apostando por ti en que todo lo que hagas será infinitamente productivo. Ese estatus sólo se obtiene llevando una excelente espiritualidad.

Lo mismo ocurre en temas referentes al amor. ¿Cómo saber si la persona que está a mi lado será para toda la vida? En este caso el destino entra en juego, pues aunque bien es dicho que nada es para siempre, todas las personas que amamos a lo largo de nuestra vida construyen, deforman o alteran nuestra misión de vida.

Al morir se inicia un proceso de análisis espiritual en el que claramente se determina a las personas que cumplieron con su misión de vida, pues esas almas evolucionan, se alimentan de la Luz Suprema y siguen propagando bienestar, mientras que las otras, las que por miedo, confusión o incertidumbre no lograron el cumplimento de su misión, se estancan, alterando el ciclo evolutivo del linaje espiritual.

Para tener éxito seguro requieres de una espiritualidad sólida, y de los padres depende darte la libertad de elegir caminos de vida con las herramientas que cada familia pueda crear. Cuando la carencia de los padres o su ignorancia se trasmite a los hijos, llega un momento donde se tiene la oportunidad de madurar y prepararse, evitando juzgar a los padres y construyendo su propia vida espiritual. Solo la experiencia traerá como resultado actividades diferentes que te llenen de triunfos, indicando así tu éxito por el buen camino de la vida, y justo aquí es donde obtendrás más complicaciones de vida, pues la oscuridad buscará la forma de evitar tu éxito declarando batallas que sólo con la luz de dios podrás vencer.

Recuerda que estamos poblando el mundo de personas de luz, guerreros de fortaleza que siempre podrán guiarte a tu verdadera misión de vida. Te invitamos a evaluar tu misión de vida de la mano de los arcángeles en esta tu Casa de Luz Arcángeles.

La espada de la justicia

La palabra de Dios se manifiesta de muchas formas en el mundo entero, a través del aire, la naturaleza y cada uno de los seres humanos que propagan la verdad y transmiten amor. Asimismo, en el mundo existen muchos objetos valiosos que poseen la energía de Dios.

Podríamos hablar de todos los objetos que Jesucristo pudo haber tocado en vida. Aquellos que utilizó para ceremoniales, para transmitir la palabra y dar aprendizaje se convirtieron en herramientas de luz, desde el banquillo que utilizaba hasta la piedra que tocaba. Pero ¿dónde quedaron todas esas herramientas? La respuesta es que en la medida que se fueron haciendo obsoletas el propio ser humano las fue desechando, restándoles el valor energético y espiritual que ya tenían. Si en esa época fue destrozado el cuerpo del elegido de Dios para salvar las almas, peor fue el destino de esas herramientas de luz. Con todo y eso, cada herramienta cumplió su misión. Así como lo acabas de leer: cada objeto con luz que es elevado a una herramienta de luz tiene una misión espiritual especial, un objetivo y un fin ya determinados por nuestro Padre Santísimo.

En la Casa de Luz Arcángeles ya existen infinidad de herramientas de luz que pertenecen a la totalidad, pero sabemos bien que algún día dejarán de existir materialmente y esas herramientas deben cumplir un destino de luz. Por ejemplo, existen pinturas que fueron realizadas por los guías espirituales de esta casa con el objetivo de mostrar ante los ojos materiales la existencia de ese otro mundo, y aunque fueron pocas las pinturas, cada una posee la energía de todo un linaje de luz.

En algún momento, y como anécdota, el guía de la casa manifestaba a través de un cuadro en su grupo de clase de pintura, junto a su Totalidad, la imagen de la forma en que el mundo de luz arranca de las garras de la oscuridad almas que fueron absorbidas por haber sido engañadas, por ser vulnerables o frágiles ante la inteligencia de la oscuridad. Había una mujer en ese grupo que tenía una oscuridad grande desde su nacimiento, y cuando el guía terminó su pintura, la mostró ante todos, provocando en aquella dama un descontento muy notorio. Ella dijo sentirse mal y de inmediato recogió sus cosas con un gesto de molestia y con rasgos de desesperación, y salió huyendo del salón.

Así como éstos cuadros o pinturas, podemos mencionar rosarios, coronillas del arcángel San Miguel, piedras de río que fueron elevadas a herramientas por el propio misionero San Judas Tadeo, bastones de mando, listones de protección, crucifijos de luz, cartas de tarot, oráculos, campanas, entre muchas otras más por mencionar.

Como todos saben, en esta Casa de Luz Arcángeles existe la figura de un arcángel San Miguel con todas las características físicas más allegadas a la Divinidad, sin embargo, a esa imagen de arcángel y a esa Casa de Luz Arcángeles les hacía falta una herramienta especial que fue elegida por la Totalidad (María Araceli y Brayan) y presentada ante los cuatro benditos arcángeles en un ceremonial especial donde el pueblo y los espíritus de luz fueron testigos de la elevación espiritual y el nombre que recibió aquella espada de metal que hasta hoy en día empuña la imagen del arcángel San Miguel.

"Ésta será la espada de la justicia, y lleva ese nombre porque estamos dispuestos a luchar como guerreros de luz para hacer justicia", estas fueron las palabras del arcángel

San Miguel para nombrar a una de las herramientas de luz más poderosas en la tierra, pues el propio arcángel San Miguel la dotó de energía y la luz pura de Dios.

Hasta hoy en día se sigue exponiendo esa bendita imagen del arcángel San Miguel con la espada de la justicia únicamente tres fechas durante todo el año en la Casa de Luz Arcángeles, Tlalnepantla, Estado de México. La primer fecha es en viernes santo, la segunda fecha del 26 al 29 de septiembre, que es el festejo de los cuatro Arcángeles, y la tercer fecha en las obras de destino, del 23 al 30 de diciembre de cada año.

Por palabras de los arcángeles, esa energía eterna seguirá haciendo milagros en aquellas almas de fe que en verdad buscan la luz de Dios, recordándoles que, como dice el misionero San Judas Tadeo, "El que busca siempre encuentra". Deseamos que la conciencia universal pueda reconocer la energía de éstas herramientas de luz, y de todas aquellas que existen en el mundo para el bien en las almas y su santificación.

La ceremonia suprema de sanación de alma

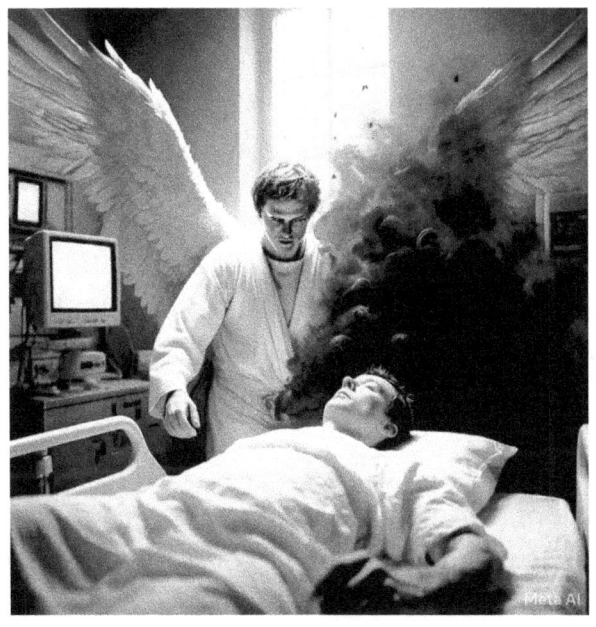

En la lucha eterna del bien y el mal, Satanás ha buscado corromper las almas de luz todo el tiempo, detectando las debilidades de cada ser humano, y por ese mismo medio hacerles llegar vicios, placeres y actividades ilícitas que corrompen el pensamiento y van opacando el brillo de su naturaleza espiritual. Cuando un aura se encuentra en luz, se comprende que el aura ha sido bien resguardada y nutrida, pero cuando la persona presenta un aura opaca, manchada o cortada, son rasgos de la presencia de la oscuridad dentro de la vida de la persona. Es aquí donde la clarividencia que nos proporcionan los arcángeles nos permite detectar el estado espiritual en el que nuestros hermanos se encuentran, siendo así que dentro de una consulta espiritual estará presente la luz de los cuatro arcángeles, la Totalidad, y todo un linaje de espíritus de luz para orientar debidamente a un hermano(a) a iniciar un proceso especial y especifico que solo la Totalidad puede realizar debido a las fuerzas de energía en luz que les fueron conferidas con la presencia de los cuatro arcángeles, "la Sanación de Alma".

Este ritual de luz, llamado Sanación de Alma, solo puede ser realizado por personas que sean guiados directamente desde la concepción por divinidades, en específico por arcángeles. Tal es el caso de nuestra Totalidad (María Araceli y Brayan).

En este procedimiento de luz se trabaja directamente con el pensamiento, con el aura, con la energía vital, con la energía espiritual, con los sentimientos, con los recuerdos, con la actitud, comprimiendo la oscuridad en todas sus manifestaciones hasta expulsarla por completo, sin poner en riesgo la vida del sanado, pues el destino que llevaba en luz fue interrumpido por la oscuridad llevándole en una dirección oscura. Una vez que sacamos el pensamiento, la energía y el ser de oscuridad, es retenido por el aura del guía espiritual de la casa (Brayan), pues su aura va desmembrando la oscuridad gracias a las facultades que ejerce el arcángel Kalil, regresando hasta su propia naturaleza a ese espíritu que se confundió en la vida y decidió actuar de manera negativa, dejándose llevar por lo fácil de la oscuridad y perdiendo la vida, por dejar de tener fe en Dios, por dejar de luchar por lo más valioso que tenía, que era su tiempo en la tierra, y por abandonar lo más preciado que poseía en su alma, que eran los sentimientos. De esta manera cada ser oscuro de nivel 3, 4 o 5, llegan hasta el arrepentimiento, pidiendo perdón a ese Dios que habían decido olvidar, rogando clemencia para ser perdonados y aceptados en el reino espiritual.

En todos esos espíritus oscuros existe una constante, llegan cegados por la ira, la mentira y la desesperación, pero con este ritual de luz vuelven a respirar la paz, a disfrutar de sí mismos y abandonan la oscuridad que les venía castigando, en ocasiones desde siglos atrás. Una vez que es saciada la sed de esos espíritus que dejaron de ser oscuros, los benditos arcángeles les reciben con amor para instruirlos y darles una oportunidad más, ya sea para combatir la oscuridad, para resarcir los daños ocasionados, o para volver a nacer.

No es nada fácil tener una posesión de oscuridad y llegar a tu sanación de alma, pero definitivamente no es imposible, pues ésta Casa de Luz Arcángeles, ésta Totalidad, y toda su comunidad, estamos dispuestos a seguir labrando caminos para que tu llegada sea más sencilla y así poder conseguir sanar tu alma, pues siempre es necesario tener la certeza de vivir en luz y, más aún, morir en la luz, pues cuando llega el último de nuestros días en la tierra, solo si estás en luz será tu propio ángel guardián que no tendrá obstáculos para venir por ti y llevarte con el más profundo amor ante la presencia de nuestro Padre Eterno. De lo contrario, se inicia una gran batalla, pues Satanás reclama las almas de aquellos que viven en vicios, las almas agresivas, de aquellos que mienten, aquellos que estafan y, en general, aquellos que viven en oscuridad.

Las oscuridades

La energía no se crea ni se destruye, sólo se transforma. Esa energía está presente en todo momento. La única situación que nos aqueja es esa que nos afecta directa o indirectamente como seres humanos.

Existe una frecuencia vibratoria en la cual podemos detectar la forma y estilo de vida que llevamos. Hablar de esto es un tanto difícil, en el sentido de que, para explicarlo y transmitirlo, debiste haber pasado por situaciones así o muy cercanas. Y con eso que dicen que recordar es volver a vivir, pues ahí va.

Esa sensación de flojera extrema, cansancio constante, sueño a toda hora, hartazgo de la vida, enojos continuos, deseos de estar solo, pensamientos depresivos, sentirse señalado, juzgado, que las cosas que quieres no salgan como lo deseas, atraso en aquellas situaciones que de llegar pronto te darían tranquilidad, desesperación, ansiedad, angustia, pesadumbre, enfermedades inexplicables y constantes, falta de "suerte" poca economía, incertidumbre, entre muchas otras sensaciones y situaciones... sabemos bien que las personas pasan por todo esto, sin saber cómo salir de ese círculo fantasma, literalmente hablando, pues son energías de baja frecuencia que se adquieren por malas acciones, porque alguien más las envío a tu persona o porque tú mismo, en tus errores de vida, solicitaste esas energías adversas, olvidando tu fe.

Hoy en día, por lo menos en México, aunque sabemos que en muchísimos países también es igual, creemos que de cada cien personas o familias, noventa tienen un "brujo de cabecera", un curandero, santero o algo perecido para cuidar de sus bienes, su vida o su familia. Por ejemplo, muchas personas que son muy sensibles logran detectar presencias oscuras en su propio hogar, en su alcoba o en su baño. Al no poder verles, surge desinterés, pero cuando esto se hace continuo, es cuando se debe buscar una solución absoluta. Esta Casa de Luz Arcángeles fue diseñada para sembrar una luz que jamás será reemplazada.

Sabemos que todos buscan sus mejores opciones y jamás diremos, "Somos los mejores", pues sería arrogancia, pero los benditos arcángeles son perfectos y son los brazos derechos de Dios, así que de ellos sí podemos alardear.

Sin afán de ofender a nadie, hay muchas personas que incursionan en temas espirituales pensando que es algo fácil, algo que se puede aprender o desarrollar, y no se equivocan, solo que hasta cierto punto es posible, ya que eso que aprenden debe servirles para sí mismos, para su propio desarrollo y para mantenerse en una línea de respeto ante aquellas situaciones que no conocen a fondo. El conflicto del ser humano surge cuando se conecta con el pensamiento oscuro de algún ser, pues siempre, siempre, buscará equivocaciones cada vez mayores. Son expertos en hacerte cavar tu propia tumba, creando errores constantes que te van a ir agriando el carácter, haciéndote creer que todo lo puedes, hasta que te dejan completamente solo, y es ahí donde te destruyen.

Como información espiritual, aquí les explicamos seis niveles distintos:

Posesión de alma nivel 1

Son los pensamientos negativos constantes que están presentes en todo momento, en todo lugar y a toda hora. Por ejemplo, llegar a una reunión y empezar a juzgar en el pensamiento lo que está bien, lo que está mal, lo que visten, etc. Estos pensamientos surgen de las mismas personas, de la energía negativa y de las malas costumbres del ser humano.

Todos tenemos una percepción mental y es ahí donde captamos esta serie de ideas que tienen como finalidad conflictuar nuestro pensamiento y robarnos la claridad, la alegría o la buena actitud.

Posesión de alma nivel 2

En éstos casos de energías negativas, junto a un pensamiento ya existe una acción negativa que va destruyendo la propia personalidad. La posesión de alama nivel 2 causa un real cambio en la persona. Por ejemplo, el famoso "chisme", donde en hablar mal de alguien va intrínseco un pensamiento y una energía negativa. La única finalidad es destruir, o por lo menos intentarlo.

En este caso ya hay una acción negativa directa para perjudicar, y por lo mismo llega una fuerza mayor de oscuridad que puede o no destruir a un ser humano, dependiendo de su autoestima, espiritualidad y sabiduría.

Posesión de alma nivel 3

Ya hablamos de un espíritu, es decir, alguien que murió y su energía se quedó con un pensamiento equivocado, perdido en el tiempo y el espacio, buscando por un lado la luz y por otro lado alimentar su oscuridad por medio de sensaciones de tristeza, soledad, angustia, etc. Esa espiritualidad buscará, como todas (3, 4 y 5), beber de esa fuente infinita de luz para saciar su sed constante. Es entonces cuando busca personas que sufren y bajan al nivel de frecuencia vibratoria en el que se encuentran.

Pueden ser llamados por personas vivas dedicadas a la oscuridad y enviarlos a cumplir algún deterioro de otra persona viva (trabajos de oscuridad). Se encuentran en casas oficinas, bares, restaurantes, etc., lugares donde se refugian y en su pensamiento es poco el tiempo que han estado ahí cuando en realidad ya han pasado años de esa presencia oscura que genera a su vez tristeza en el ambiente de quien convive en esos espacios.

Por lo regular son entidades de personas pequeñas, jóvenes incrédulos, adultos sumidos en soledad y ancianos que nunca aceptaron la presencia divina en su vida. Cuando una persona se ve posesionada por éste nivel 3 de oscuridad, tiende a deprimirse sin razón aparente, baja su nivel de satisfacción considerablemente, olvida sus deseos, visualiza sus objetivos de vida muy lejanos, prefiere la soledad y dejar pasar el tiempo.

La sanación de alma es necesaria en éste caso y en todos los que veremos a continuación: una ceremonia de alta luz que solo se puede realizar por personas que laboramos directamente con arcángeles. Ya hablaremos de esta bendita herramienta de alta luz.

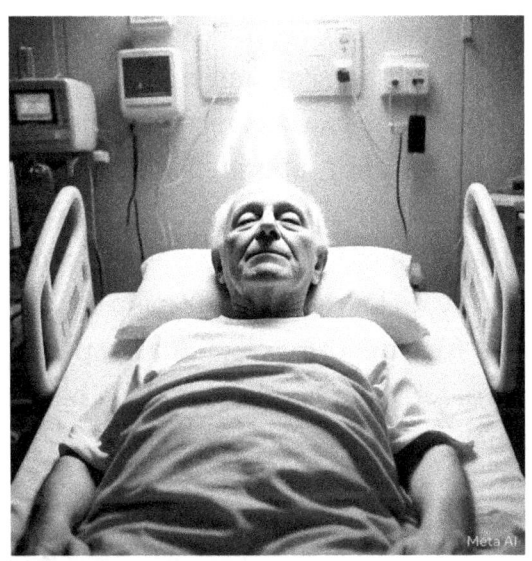

Posesión de alma nivel 4

En la mayoría de las personas que detectamos este nivel de espíritus oscurecidos, ocurren situaciones muy similares.

Mucha atención. En su mayoría tienden a pensar de una forma egoísta en la que no quieren permitir que otras personas interfieran, así sean familiares, parejas de vida o profesionales en materias terapéuticas para el buen desarrollo de la psique. En su mayoría se deterioran rápidamente y olvidan el agrado por mantener una buena presencia. Dejan de bañarse, de peinarse, de mostrar interés en la vida misma; se hacen solitarios, gruñones y todo les irrita fácilmente. En algunos casos extremos, el espíritu oscuro les roba el pensamiento y los manipula a tal grado que pierden la razón y se vuelven indigentes, o buscan un tipo de vida similar, pues la oscuridad les robó la oportunidad de reconstruirse y están envueltos en su misma oscuridad, creando su propio mundo en su mente, entre la oscuridad y ellos.

En otros casos de éste mismo nivel, alojan su energía oscura en algún órgano vital, quizás el corazón, pulmones, riñones, hígado, etc., hasta oscurecer las células, bajando el nivel de buena energía y labor del cuerpo, lo que provoca enfermedades crónico degenerativas. De aquí los múltiples ejemplos de cuando las personas van a médicos y se hacen estudios y no logran detectar nada con certeza, pues las energías actúan de formas irregulares, persiguiendo su único objetivo: terminar con la vida de la persona que están posesionando.

Posesión de alma nivel 5

Aquí tratamos con seres de oscuridad que ya están plenamente conscientes del daño que desean hacer. Se visualizan con una figura humanoide completamente revestida de fuego; su agresividad es devastadora. Los hay de dos formas: "brutos", quienes manifiestan su enojo en todo momento, a la menor provocación, sin pensar en detenerse por golpear o lastimar a otras personas (regularmente las personas posesionadas por éste nivel de oscuridad, amanecen en la cárcel, en hospitales, después de una situación de violencia; los otros son los "inteligentes", aquellos que lejos de ser violentos en el momento, van a planear la forma de destruir a quien le dañó, o creen que les puede dañar, creando una represalia en la que pueden haber mayores consecuencias y daños a mayor cantidad de personas.

Éste nivel de oscuridad tiende a retar a oscuridades más grandes o a dominar a oscuridades de menor nivel (5 de reciente oscuridad, niveles 4 y 3), creando una red de mentiras, de obstáculos y cargas en las que envuelven a personas vulnerables por no tener herramientas de luz, o conocimientos que mantengan una defensa espiritual contra éstas larvas de oscuridad.

Los encontramos lastimando los pensamientos de la farándula, política, les gusta ser líderes, incluso religiosos; son excelentes actores dramáticos, representan una entrega falsa por la humanidad.

Otra manera de manifestarse muy común es siendo muy inteligentes, ocupando la verdad mezclada con la mentira a través de personas que dicen ayudar a otras por medio de situaciones espirituales, buscando únicamente degradar lo más grande y hermoso que tienen, su fe.

Posesión de alma nivel 6

Aquí encontramos a la parte más triste de la humanidad, pues este tipo de oscuridad nace en aquellos seres que fueron creados sin amor, donde no había un acercamiento amoroso, donde solo fue sexo, perversión o instinto. Aclaramos que no es el caso de una mujer violada, pues aquí depende enteramente del pensamiento y las emociones de la madre. Ya hablaremos a profundidad de éste asunto.

Si en una pareja no hay recursos económicos, si no tienen claro de dónde vivir o comer, si no hay agrado entre la pareja, si hay golpes y abuso, si hay adicciones, si no se genera un buen desarrollo familiar con el objetivo de procrear con amor y armonía, Satanás podrá colocar una de sus semillas en esos pequeños, un demonio nivel 1 o nivel 2.

Nacer con una energía negativa de este nivel no es cualquier cosa, pues esa oscuridad siempre se va a hacer presente de formas diversas, en la vida de la persona que lo lleva o en la de sus familiares inmediatos. Donde hay una energía así, posesiona por lo menos a cien personas cerca del lugar donde vive, por lo regular son personas en apariencia guapas, talentosas, inteligentes, se les facilita el dinero, pero, eso sí, son inestables emocionalmente, no pueden mantener una pareja por mucho tiempo sin ser infieles o buscar algo más que les apasione sin respetar sentimientos ajenos. Por lo mismo no se van a detener para poder sobresalir y obtener riquezas, quizás también por prácticas injustas, negocios fáciles o de mala reputación.

Dentro del nivel 6 hay otras oscuridades que lastiman la integridad del ser humano, por ejemplo las muertes negras, que son una creación de la oscuridad para matar todo en el ambiente donde se le señale destruir. Ocurre también si fue invocada o donde la enviaron como trabajo de oscuridad, donde esa muerte se instale, deja de fluir el dinero , se rompen los compromisos amorosos, las plantas no crecen y mueren al igual que los animales o mascotas; se deterioran incluso los objetos, como si fueran viejos y no tuvieran sentido. La sensación es de vacío, de incomodidad grave, hasta llegar a desear la muerte.

Existen también las puertas negras, estas son heredadas de padres a hijos o creadas por la energía e ímpetu que la persona va generando en su proceso de vida hacia lo negativo, es decir, la capacidad que va manifestando para ser una persona oscura. Esas personas son generalmente inestables en su carácter, los puedes ver muy enojados y en poco tiempo tristes, en un momento más nuevamente enojados por lo que ya habían arreglado y después prefieren estar solos, después reclaman la necesidad de tener a alguien cerca, es decir, cambios constantes. Entre más actividad tenga esa puerta oscura, más inestable la persona.

La función oscura es trasladar espíritus de nivel 1, 2, 3,4 y 5. A donde quiera que van, absorben y expulsan espiritualidades oscuras a través de ellos mismos. Esa estela de energía que dejan los espíritus es lo que les cambia el carácter continuamente.

Hay niveles de puertas negras también, pero eso quizás lo hablemos más adelante, o en otro escrito.

El mar de la oscuridad

Hace muchos años, hubo una joven de nombre Herlinda. Fue la tercera hija de una familia humilde que vivía en un pueblo distante de la civilización. En esas rancherías, el ganado, la siembra y la agricultura eran los medios de comercio y supervivencia.

A los dieciocho años comenzó a vivir una serie de acontecimientos brutales que desencadenaron el conocimiento de la existencia del mal en todas sus expresiones. En la ranchería, los animales empezaron a morir de formas extrañas, destripados, secos, como si les hubieran absorbido la sangre, aves que caían muertas del cielo en gran número y sin razón aparente. Herlinda fue testigo de todos esos sucesos, que despertaron en ella inquietud, preocupación y miedo, pues lo desconocido produce esto en cualquiera.

Poco tiempo después empezaron los ruidos en la casa: golpes, objetos que eran arrojados sin que nadie físicamente lo hiciera. Herlinda y su familia estaban aterrados, hasta que un día, mientras Herlinda dormía, fue jalada de las piernas con brusquedad. En medio de la noche, sólo pudo apreciar una sombra que constantemente la atormentaba, en sus sueños le gritaba y la aturdía. Cada noche manifestaba el pánico en sus desgarradores gritos y las múltiples marcas que dejaba en su piel aquella presencia oscura (rasguños, mordidas y raspaduras generadas de la nada).

Aunque la familia no era devota, buscaron a un sacerdote católico para ayudar a contrarrestar aquellas presencias. Sin embargo, en la medida que Herlinda oraba y se entregaba a Dios, aquellas manifestaciones iban creciendo de forma acelerada. Una de esas noches, Herlinda salió dormida de la casa y despertó con el frío, en pijama, sentada bajo el viejo árbol que se encontraba frente a su hogar. Sus gritos anunciaron a la familia la necesidad de ayuda, pues ya era demasiada la gravedad de los sucesos, por lo tanto Herlinda decidió integrarse a un convento en lo profundo del bosque, pues se había dado cuenta que esas energías oscuras solo buscaban destruirla y alejándose lograría proteger a su familia.

Ya en el convento, los votos de silencio, que eran comunes en aquella época, permitieron que Herlinda gozará de algunos meses de armonía y paz. En la celda donde dormía fue visitada durante sueños por un ser de luz, quien le decía: "Tu vida ha sido elegida, es por eso que eres distinta. Es muy difícil explicarte que tu cuerpo está hecho para destruir energías oscuras: cumples una gran misión, pues en muchísimas regiones cercanas a ti no creen en la vida espiritual. La presencia del bien y del mal reside en ti y es por eso que debes confiar en tu destino y tu misión, y a pesar del dolor y el sufrimiento, en su momento serás recompensada. Nunca te apartes de la luz de Dios y recuerda que el manto de la Virgen María siempre te protegerá, aunque ante los ojos del ser humano no lo parezca".

Herlinda despertó sintiéndose plena y con la esperanza de vivir feliz, situación que nunca llegaría, pues al siguiente atardecer su cuerpo fue infestado por espíritus malignos. Las monjas y los sacerdotes la llevaron al santuario principal en lo profundo del convento, pues de esa manera se evitaría que se escucharan los gritos descomunales que emitía el cuerpo de Herlinda. Mientras ella estaba atada de pies y manos, un grupo de monjas oraba por horas y los sacerdotes se prepararon para realizar un exorcismo, notando con claridad que aquel cuerpo de una frágil dama ahora denotaba una fuerza descomunal, una mirada oscura y maligna, y un ambiente hostil y frío.

El sacerdote Sebastián, acompañado de tres clérigos, inició el ritual ancestral del exorcismo. Con todas las herramientas católicas necesarias, y conociendo el historial de Herlinda, se dispusieron a luchar contra el mal, enfrentando así fuerzas malignas que les provocaban vómito, mareos, náuseas y dolores corporales, al igual que una derrota mental, deseos de salir huyendo y abandonarlo todo.

Una de las monjas que se había enterado de lo sucedido, al notar que se estaba perdiendo la batalla contra la oscuridad, decidió romper el protocolo y entrar al recinto donde se estaba llevando a cabo el exorcismo. Proveyendo de fuerza y fe a los representantes católicos presentes, la hermana Dulce entró pronunciando una bella alabanza, descontrolando a la oscuridad y dando tiempo a los clérigos para reponerse.

A través del cuerpo de Herlinda, la nefasta voz que emitía inició una conversación para interrumpir la alabanza de la hermana.

—Te voy a enseñar a respetar el trabajo que intentan hacer tus superiores, ja, ja, ja, ja. Sé muy bien quién eres y justo a ti te estaba esperando.

—¿Cuál es tu nombre y por qué dices conocerme? —le preguntó la hermana Dulce.

—La blasfemia, la lujuria, lo profundo de la oscuridad y el rey de los placeres de todos los seres humanos, entre ellos tú, buscadora de mi placer, ja, ja, ja, ja.

—En el nombre de Dios y de la Santa Cruz te ordeno

abandonar el cuerpo inocente de Herlinda

—¡Quién crees que eres para intentar darme una orden si la primera en romper las reglas has sido tú al hacer a un lado la jerarquía de estos pobres religiosos! —le espetó la oscuridad.

—Por la sangre bendita de Jesucristo, con la espada flamígera del bendito arcángel San Miguel, te desarmo y debilito en el nombre de nuestro maestro Jesús.

—Tú y todos en esta sala deben saber que mis legiones están trabajando, gobernando a sus pueblos, cantando a sus amados jóvenes, construyendo nuestro imperio, profanando la casa de a quien llamas maestro. Su sangre se vaciará en mi honor porque hasta en los cielos destrozaré la fe, culminará la paz y mi creación será transmitida de generación en generación. No te daré mi nombre porque bien lo conoces.

—Solo una entidad cobarde es la que no pronuncia su nombre, y semejantes mentiras hablan aún más de un futuro que le pertenece a Dios y a la propia humanidad, pues entre más oscuridad quieras transmitir, más habrá guerreros y soldados de luz que siempre estaremos allí para hacerte frente en el nombre de la cruz.

La oscuridad respondió:

—Tu sacrificio es en vano porque nunca nadie va a querer escuchar a una horda de oradores que piden una fe ciega, el amor de un Dios que no ven, o presencias que no están capacitados para sentir. Tú tienes visión, y por eso estás aquí, pero de qué te sirve verme si no me puedes derrotar y mucho menos salvarla a ella.

—Los guerreros de la luz, como yo, no son vencidos tan fácilmente, y a pesar de nuestras caídas siempre nos levantaremos para destruirte. La fuerza del espíritu santo y los guerreros espirituales están siempre con nosotros y te prometo por la luz de Dios, por la fuerza del arcángel San Miguel y por todos los espíritus protectores, que propagaremos todas las herramientas necesarias para que cada ser humano envenenado en su pensamiento, arrancado de su fe o confundido por tu lengua ladina, tenga lo necesario para rescatarse a sí mismo, para que las almas de luz siempre estén presentes para combatir y santificar el alma de los necesitados.

"Como en éste momento, que puedo ver el espíritu de Herlinda, quien claramente ha dejado su cuerpo para ti. Lo que no sabías es que has traído contigo millones de almas que habías robado y mientras estás hablando conmigo, Herlinda ha rescatado a esas almas de tu siniestra oscuridad. Es así como la luz de Dios siempre vencerá, pues aunque tú y los tuyos sigan corrompiendo almas, siempre habrá uno de nosotros que esté listo, preparado, y dispuesto a rescatarlas".

Los gritos se convirtieron en un incesante gruñido en exceso prolongado que produjeron un frío aún más poderoso. Los presentes se tapaban los oídos viendo cómo el cuerpo de Herlinda era destrozado por la fuerza descomunal de aquella energía. Cuando llegó el silencio al cuerpo inerte de Herlinda, ella yacía con una sonrisa, como si fuera consciente de lo que iba a suceder.

La muerte de Herlinda no fue en vano y hasta este momento seguimos repartiendo herramientas de luz que han de debilitar las fuerzas oscuras, erradicarlas o expulsarlas.

Hoy en día existen millones de creaciones del propio ser humano. Debemos reconocer con claridad el objetivo y misión de cada objeto, pues lo único que puede emanar de una persona que tiene un alma en luz son objetos y creaciones que construirán, desde su raíz, alegrías, armonías y caminos rumbo a la felicidad. Por el contrario, personas con almas oscurecidas, con pensamientos confundidos, serán títeres de pensamientos siniestros y utilizados para crear artículos que sembraran el miedo, angustia y caminos rumbo a la oscuridad. Presidentes, diplomáticos, gobernantes, cantantes famosos, deportistas, líderes religiosos, graduados de todas las profesiones, eminencias intelectuales, embajadores de la paz, rostros mundialmente famosos, ancianos, personas maduras, jóvenes, y hasta niños, hoy en día son representantes y transportadores de semillas de la oscuridad, resguardando en su cuerpo demonios, energías de muy bajo astral, creados desde su nacimiento sin amor, en medio del caos, procreados de entre la bajeza y la ausencia de principios y valores.

Así como existen energías oscuras, también existimos personas con almas en luz que a través de nuestra misión de vida (carpinteros, herreros, basureros, cantantes, actores, profesionales en general, intelectuales, deportistas, religiosos, ancianos, personas maduras, jóvenes y la gran mayoría de los niños). Así como lo dijo la hermana Dulce, y así como cumplió su misión de vida la hermana Herlinda, aquí en Casa de Luz Arcángeles seguimos repartiendo herramientas, nutriendo la comunicación espiritual entre las personas y sus seres punta de lanza; seguimos expulsando espíritus oscuros y le seguimos arrancando a la oscuridad almas que le pertenecen a la luz de Dios.

Hacemos un llamado a todas las personas que hayan leído hasta aquí. Es el momento de activar en el mundo un protocolo espiritual donde, lejos de seguir una doctrina, invitamos al ser humano a ser consciente de la existencia del bien y el mal.

Tenemos muy claro que muchas personas optan por la oscuridad, y a ellos les repetimos lo que dijo la hermana Dulce: "Ante cualquier persona oscura siempre habrá un guerrero de luz de Dios para detenerte y evitar tus intentos de discordia en la humanidad".

La luz del arcángel San Miguel se propaga en los corazones buenos, se expande en las almas en luz, y se transmite de sonrisa en sonrisa, con saludos cordiales y genuinos, con respiraciones profundas de agradecimiento por la existencia. Las personas nacemos con un alma en luz (en su mayoría), y aunque no todas son elegidas para ser soldados de la luz de Dios, pueden adquirir herramientas en centros de luz reales, donde los cimientos son ancestrales, nunca en lugares improvisados o con personas de sorpresiva creatividad.

La verdadera guerra que vivimos diariamente como seres humanos se lleva a cabo de manera encarnizada, en el plano espiritual, con efectos inmediatos en el mundo material. De allí nacen nuevas enfermedades mortales, pandemias, desastres naturales cuya proporción genera otros conflictos en la madre naturaleza, la escases de recursos, hablando de manera general, hasta llegar a la individualidad, donde el ser humano deja de escuchar, desea imponer, se encapricha con su propio comportamiento, se acostumbra a ser inestable, prefiere la vulgaridad, le agrada la bajeza, reconoce su propia maldad y, aun sabiendo las consecuencias, decide continuar.

Es por eso que a este capítulo decidimos llamarlo "El mar de la oscuridad", porque en la actualidad es una inmensidad la que combatimos diariamente desde nuestros pensamientos, hogares y familia. No es muy difícil detectar la presencia de la oscuridad, incluso entre los integrantes de nuestra familia, quizás alguno es atormentado por algún vicio, esté bloqueado en su economía, fracturado en su propia familia, depresivo en su soledad o en muchos aspectos negativos de los cuales claramente se necesita la intervención de la luz de Dios en sus vidas.

Necesitamos crear barcas indestructibles de fe y amor que sean capaces de navegar de entre las aguas más oscuras y siempre mantenerse a flote, pues a pesar de las tormentas y las mareas más altas de oscuridad, la supremacía de Dios, su perfección y su voluntad siempre nos llevarán a un puerto seguro. Compruébalo y aprende a construir tu barca de luz de la mano de estos cuatro benditos arcángeles de tu Casa de Luz Arcángeles.

La lucha constante entre la espiritualidad y la vida diaria

En los tiempos actuales, la atención de las personas está desviada por medios de comunicación tales como la radio, la televisión y, lo de ahora, el internet. La comunicación ha creado entre los seres humanos un código falso de bienestar, alegrías falsas, sueños que aunque son alcanzables también son sufridos, objetivos basados en el odio, el rencor y la tristeza.

El miedo es la base de toda oscuridad y es por eso que los seres humanos han preferido engañarse a sí mismos fingiendo alegría, fingiendo amor, y creando familias disfuncionales, alterando el orden de un buen crecimiento en esos hijos que más tarde van a reclamar la ausencia de los padres, la falta de atención, la falta de alimentos. Pero, eso sí, serán niños y jóvenes abundantes en vicios, actitudes negativas, sembradores del miedo, que harán responsables de su desgracia a todas las personas que tuvieron la bendición de crecer en una familia de bien.

La espiritualidad es y debe ser vista por todos desde muy temprana edad, y si tú conoces a alguien que es joven y no tiene una guía espiritual, desde este momento eres responsable de ese alguien que llegó a tu mente, pues aunque tenga padres o familia, llega a tu pensamiento porque definitivamente hay algo que le hace falta y que es tu deber proporcionárselo. Estamos hablando quizás de un diálogo donde la persona aprenda, contagiado de tu luz, de tu energía, pero sobre todo de tu buena voluntad.

Algunas personas hoy en día se respaldan en energías oscuras de baja frecuencia, con distintos nombres se ocultan detrás de una supuesta religión, disciplina espiritual o ideas novedosas que salen de un ser humano que ya tiene el pensamiento oscurecido, pero, eso sí, producto de la oscuridad inteligente que le posesiona. Vamos a mencionar las claves de alerta para alejarte de aquello que se disfraza de luz, pero que en realidad pertenece a la oscuridad más espesa.

Las claves de alerta para alejarte de una comunidad, un lugar o una persona negativa son:

La oscuridad siempre te va a atraer con todo lo que tenga que ver con bebidas embriagantes, tabaco, el uso de drogas y alucinógenos, aunque sean propios de la naturaleza, pues aún ahí existen límites que no deben ser sobrepasados por ningún ser humano. De lo contrario, rompes con tu propia salud mental, emocional y espiritual.

Otra de las claves es que nadie te puede tener a la fuerza ni en su lugar de supuesto trabajo espiritual, ni generando obsequios de cualquier tipo ante un espíritu o altar. En la luz de Dios, ningún espíritu solicita nada material para sí mismo, pues en el plano espiritual de la luz de Dios gozamos de todo lo que es santo y puro.

Las amenazas o advertencias son claves perfectas para detectar la presencia de la oscuridad, aunque sean dichas o expresadas de una manera suave, o con un tono ligero de voz.

Las oscuridades disfrutan de romper las reglas, de ir más allá de los límites y atentar contra la vida misma, pareciendo que fuera un juego divertido donde quien sale vivo se lleva las palmas y aquel que muere simplemente será olvidado.

Dentro de la espiritualidad de luz, nunca se solicitará la alteración, laceración, golpes, humillaciones o tocamientos indebidos.

La espiritualidad es luz, es disciplina, es orden y son reglas universales que hacen mejor al ser humano para fortalecer sus habilidades y exponer sus talentos ante el mundo entero, aportando nuevas formas de organización, nuevas maneras de expresión y colocando en el recuerdo del ser humano la existencia de la esperanza, fortaleciendo así el equilibrio universal y el amor entre pueblos.

El despertar espiritual de la consciencia en niños y jóvenes

Es indescriptible e indescifrable la controversia en el mundo entero por la impotencia que causa no poder ayudar a varios sectores de la población infantil. Para poder hacer consciencia en ti, como lector, de este delicado tema, primero debes saber que mientras tú estás leyendo, es muy posible que la oscuridad contenida en varios hombres y mujeres esté promoviendo el terror en millones de familias, sustrayendo de sus hogares a pequeños desde sus primeras horas de nacimiento hasta los dieciocho y veinte años de edad, buscando entre ellos órganos del cuerpo para ser vendidos a otros hermanos que en su desesperación buscan la vida de sus propios hijos, jugando a ser Dios sin saber lo que les espera. A muchos otros pequeños les toca el destino de enfrentarse a caricias, y tocamientos sexuales desde muy temprana edad, rompiendo los estándares del sentimiento y miedo al propio amor, violaciones, maltratos físicos. Aunque cueste trabajo reconocerlo, en la actualidad también hablamos de esclavitud infantil, maltratos psicológico, desesperanza, golpes, amargura, mutilaciones, entre muchas otras bajezas que el propio ser humano, guiado por la oscuridad, comete contra la gloria de Dios (todos los niños con almas en luz).

Así es, la oscuridad busca destruir la infancia, que es la representación de la obra más pura de nuestro señor. De esa manera pretende apagar la luz y la alegría en sus vidas. Seguramente se preguntarán, "¿dónde estará Dios que permite todo esto?" La respuesta es compleja para aquel que prefiere permanecer ciego ante la realidad y muy sencilla para decirte que todas las almas que llegan a este mundo tenemos misiones de vida diferentes, unos propagaremos la palabra y motivaremos a otras almas a ser guerreras y enfrentar a la oscuridad de formas diversas, otros seremos almas creativas, innovadoras y aportaremos conocimiento y mejorías a la propia humanidad, pero a muchas otras almas nos tocará una misión más fuerte de vivir y de enfrentar, pues quizás nos tocará ser presas de esa misma oscuridad con la finalidad de exponer ante el mundo los peligros de los cuales debemos protegernos día a día y noche a noche, pues a Dios nada escapa y esas almas que han sufrido siempre son recompensadas, ya sea en la tierra o en el cielo, según su destino y la voluntad del Creador. Nadie sufre a causa de Dios, todo es parte de un proceso perfecto de sabiduría, por eso reiteramos que en todas las familias del mundo debe haber una educación espiritual a temprana edad, para que los niños comprendan que existe un Dios Creador de absolutamente todo, que es y será siempre su amigo y aunque no lo vean lo podrán sentir a través de sus propias emociones.

La experimentación de sus propias emociones en luz, como la alegría, el entusiasmo, el amor, el triunfo, la amistad, entre muchas otras, van introduciendo el pensamiento de ese pequeño a un deseo repetitivo de esos mismos sentimientos positivos, generando así un estilo de vida agradable que, para cuando su propio mundo espiritual lo considere su Ángel Guardián o ser punta de lanza, le manifestará el momento perfecto de la existencia de un mundo paralelo que es espiritual, junto con la certeza fiel de poder sentirle, comprenderle y en algunas ocasiones escucharle o verle.

El despertar espiritual es el punto crucial de consciencia donde se comprende la existencia del mundo espiritual ligado a tu propia vida. Si desde niño aprendiste que Dios existe, que hay energías de luz, ángeles que te cuidan o, en general, una supremacía positiva que rige al ser humano, podrás acudir a ella cuando se terminen tus opciones, cuando te sientas solo, confundido, lastimado o devastado, pues al final es un punto de equilibrio y de motivación donde sólo el alma te dará la dirección exacta para sobresalir y volver a tu rumbo correcto, a pesar de cualquier desgracia o injusticia.

En los jóvenes mayores de doce años encontramos una limitante, un peligro constante, por lo que se requiere una observación más profunda, protección constante, comprensión y tolerancia, ya que en estas edades, durante la formación de su personalidad, todos esos jóvenes tienden a exponer sus gustos más grandes, lo que les produce placer y conductas que supuestamente los integra de manera popular ante determinados grupos de convivencia. Esas actitudes juveniles en realidad son sus más grandes, debilidades ante la misma oscuridad, pues aquellos que se ven atraídos por la apariencia o el físico serán seducidos por esas mismas situaciones y la oscuridad buscará primero atraerlos para después destruirlos. Lo mismo pasa con aquellos que se ven atraídos por vicios, sexualidad o excesos sin control, pues, lejos de la voz de los padres, la única voz que escucharán será la de su formación infantil, la guía de su ser punta de lanza, incluso el destino en luz que corresponde directamente al Padre Creador. Si queremos un mundo infantil y juvenil en luz, necesitamos que los padres transmitan una espiritualidad en luz.

La única manera de practicar una espiritualidad en luz es por medio de la verdad, la sinceridad, el equilibrio, la alegría y el amor. Estas son las claves esenciales para ser buena persona y poco a poco ir elevando esa condición hasta recibir sabiduría que hará feliz tu camino de vida.

La Casa de Luz Arcángeles es también una escuela de luz que siempre está dispuesta a orientar al camino correcto, a desarrollar el potencial espiritual de cada ser humano, a revelar el nombre de su propio ser punta de lanza de acuerdo a la madurez espiritual obtenida. Asimismo, nos comprometemos a recibir a todas las almas sin importar su procedencia para darles la atención espiritual que merecen y mostrarles el camino que los arcángeles nos han mostrado a nosotros. Despertaremos la conciencia espiritual de aquellos que lleguen hasta aquí por destino y voluntad del Padre, y juntos o separados seguiremos propagando la luz de Dios que ha de sembrar alegría, valor, perseverancia y esperanza en todos los corazones.

VESTIR SIEMPRE DE BLANCO

La vestimenta ante un mundo espiritual siempre es primordial. El color blanco representa la pureza, pero también la disponibilidad, el respeto y la entrega ante la luz divina, provoca en el cuerpo humano la expansión de su energía para ser visible de una manera más clara ante aquellos ojos materiales o espirituales que detectan las manchas del aura que provocan tristeza, agresividad o falta de fe. Por ello, el color blanco es el color ideal para presentarse ante un altar, hacer llamados espirituales de luz, hablar con su espíritu guía o ser punta de lanza, o para hacer una invocación en actividades espirituales o personales.

Nota especial: En un mundo espiritual nada es un juego y, por lo mismo, todo debe de ir paso a paso, pues cada aprendizaje es una oportunidad para seguir elevándote o encontrar estancamientos llenos de enseñanzas para aprender a respetar el mundo de la luz de Dios.

Por medio de las consultas espirituales, reuniones de ángeles o participación activa en obras espirituales en Casa de Luz Arcángeles, los seres de luz realizan regalos espirituales, estos pueden ser dones de amor que corresponden a la propia espiritualidad que los otorga. Existen personas con linajes oscurecidos (todas esas vidas pasadas que vivieron en error), con conductas reprochables, que vienen luchando por dominar la consciencia de la persona que posee ese linaje y esa alma con baja luz. Si esta persona no logra encontrar su sanación, se convertirá en alguien que esparce la oscuridad por medio de su palabra principalmente, creando discordia sembrando desesperación y fomentando los conflictos entre seres humanos, si por el contrario encuentra su sanación todo el linaje se recupera en luz, comprendiendo con claridad las buenas acciones que deben poblar al mundo.

"Donde hay luz siempre hay oscuridad".
Arcángel Eunice

El escenario perfecto para la presencia de la oscuridad es el momento en el que más brilla la luz. Busca emprender una lucha y encontrar inteligentemente el momento perfecto para atacar, para robar la atención y opacar ese inmenso brillo que emite la luz de Dios. En estas luchas, en todo ser humano, cuando prevalece esa luz se genera un despegar de las alas y eso es lo más hermoso, emprender el vuelo de la sabiduría, lo ideal es captar el mensaje claro de la luz porque la oscuridad siempre buscara distorsionarlo.

Dentro de Casa de Luz Arcángeles se realizan reuniones espirituales, o, mejor llamadas, reunión de ángeles. En términos terrenales es una reunión que reparte oportunidades para todos los presentes. La luz que allí se recibe provoca una inmensa paz en el corazón de aquellos que llegan con disposición y fe, cuya esperanza se alimenta y se hace presente. Ahí podrás encontrar respuestas y aclarar tu propio camino, o, si es de tu interés, puedes presentar a tus hijos ante la luz de los arcángeles para que sus almas sean vistas y reforzadas en luz con la protección de la Divinidad. Asimismo, en estas reuniones se puede detectar la presencia de espíritus oscuros que vienen ligados a tu aura, por medio de tu pensamiento o de tu energía, preparándote a ti y a esas energías negativas para su expulsión (sanación de alma).

De la misma manera, dentro de esas reuniones de luz, van llegando personas por primera vez y desde su primer visita se puede detectar la presencia de sus seres espirituales en luz. En algunos se sienten misiones especiales que afectan a gran parte de la humanidad, por lo que estar cerca de cuatro divinidades les protege, alimenta e impulsa. Es aquí donde es posible conocer de manera muy rápida el nombre de su ser punta de lanza o ángel guardián.

"Nos sentimos altamente agradecidos con la verdad".
Arcángel Eunice

El ser humano no está preparado para una evolución espiritual constante y de alta luz, le es difícil abandonar actitudes mundanas ya sea por costumbre o placer. Imagínense ustedes que en algún momento de la historia nuestro Padre Eterno vino al mundo terrenal por medio de quien llamó su hijo y ahora pregúntense: ¿Cómo fue tratado? De la misma manera, esta Totalidad será señalada y muchos dirán que lo que profesan es falso, pero aun así deberán seguir adelante en el cumplimiento de su misión.

Hoy en día cualquier profesión requiere de una investigación y de una lucha por sobrevivir en un mundo de consumo donde la demanda de productos y servicios es mucho mayor que quien la ofrece, y por esa razón todo es caro y difícil de conseguir, más aún para aquellos a quienes se les cierra el mundo y se ven limitados en sus oportunidades para manifestar su fortaleza y llevar una vida digna.

Los arcángeles y la comunidad LGBTIQ+

Desde la antigüedad, para ser precisos, antes de cristo hubo un tiempo en el que la homosexualidad fue vista de manera simple: se aceptaba y era socialmente común ver este tipo de relaciones en distintas regiones en el mundo. Sin embargo, como bien ha hecho su trabajo, la oscuridad desde esos tiempos se encargó de tachar, maldecir y vincular a las parejas del mismo sexo con aberraciones, logrando, por medio de la palabra destructiva, separar, debilitar, destruir la palabra "amor" entre personas que para el mundo espiritual son llamadas "el tercer sexo".

Así como lo acaban de leer. Dios Padre Eterno creó un tercer sexo, es decir, un hombre o una mujer gusta de su mismo sexo. Todo lo demás es parte de la creatividad o perversión del ser humano, según el enfoque.

Como guías espirituales de Casa de Luz Arcángeles, hemos rescatado centenares de almas que sufrieron diversas atrocidades humanas. Por mencionar una:

Cuando un espíritu era arrancado de la oscuridad mediante un proceso especial de luz, nos confió su verdad con voz desgarradora. Envuelto en sufrimiento, un espíritu nos dijo que tuvo la desgracia de nacer, que su calvario había iniciado desde el momento en que su padre se dio cuenta que había nacido con genitales masculinos y femeninos, situación que para la propia familia era como una maldición. Esa maldición que tenía una vida, un pensamiento y un crecimiento por ser una familia "honorable", se fue enfrentando al desarrollo de un cuerpo femenino con genitales masculinos por lo que la sociedad, empezando por su propia familia, le juzgaba, le escondía y evitaba su desarrollo individual ante el mundo. Hasta que un día decidió abandonar a su familia, sabiendo que perdería el respaldo económico y protección; sin embargo, estaba iniciando una lucha más valiosa, la de encontrarse a sí mismo, reconocerse en su propia sexualidad y poder encontrar el amor. Emprendió un viaje por el mundo buscando personas que hubieran nacido con esa misma genética, encontrándose con que a muchos otros ya los habían asesinado desde su nacimiento. Habían sido burlados, apedreados y mostrados como un circo ante el morbo humano, es por eso que este capítulo está dedicado a todas las almas del tercer sexo, pues aunque esta hermana fue sanada, encontró la luz después de haber muerto en manos de la violencia de grupos de oscuridad que seguían promoviendo el terrorismo, asesinos pronunciados específicamente contra personas de preferencias sexuales distintas.

Muchos de los espíritus del tercer sexo que se han sanado aquí, conectan en una situación particular: dicen, "¡Yo no creo en Dios porque Él siempre permitió que yo fuera mal visto, porque los de su religión no me aceptan como soy, porque he tenido que crecer sin poder externar libremente a quien amo o de quien estoy enamorado, porque sé que, aunque le he pedido muchas veces a Dios que me ayude, me deja esperando!" o "Sé que ese Dios existe pero no sé qué tan grande sea su amor si hasta este momento sigue habiendo gente que señala y que grita imprudentemente, juzgando la existencia del amor."

Por parte de Casa de Luz Arcángeles, todos deben saber que, independientemente de religiones, tradiciones o costumbres, existen muchísimos seres de luz del tercer sexo, hombres y mujeres que han pasado por diferentes enfrentamientos en su vida, pero que han marcado la huella y han labrado caminos para aquellos que vienen detrás que poco a poco tendrán la fortuna de disfrutar plenamente de aquella relación amorosa que la misma oscuridad se encargó de censurar desde hace muchos, muchos años. Dios Padre Eterno recibió a esos hombres y mujeres y los convirtió en seres de luz, y hasta hoy se sigue pronunciando en favor de esta amada comunidad guerrera, pues sabemos que luchan diariamente por ser respetados en su pensamiento, en sus derechos y su integración.

A la comunidad LGBTIQ+ les informamos:

Ustedes, como todo el resto de la población humana, también poseen un ser punta de lanza mejor conocido como ángel guardián. En muchos de los casos, por su sensibilidad, tienen facultades espirituales que provienen de la Luz de Dios. Sepan que esta Casa de Luz Arcángeles les recibe con los brazos abiertos, pues la espiritualidad es primordial para un buen desarrollo y plenitud humana. Hay mucho más por descubrir, pues el mundo del amor es infinito pero la libertad humana es cuarteada en muchas ocasiones de manera injusta, aquí nacen los guerreros, aquellos que no se vencen y siguen luchando por ideales reales lejos del capricho o el protagonismo, sino por seguir abriendo caminos por donde nuevas generaciones puedan florecer sin olvidarse jamás de la belleza, la estética, el glamour, la autenticidad, y la creatividad.

Son muchísimos los talentos y valores agregados a cada ser humano, y, en el caso de las personas del tercer sexo, vienen aún más reforzados en la inteligencia emocional, ya que han tenido que practicar la tolerancia, el silencio ante el amor, la cautela ante el placer y la prudencia ante la vergüenza de ser señalados. Es entonces cuando la personalidad se forja con fortaleza, honestidad y autosatisfacción. Repetimos: la espiritualidad debe de ser primordial para comprender que tú eres creación de Dios Padre Eterno, con la altura que te dio, el color de ojos que tienes, la forma de tu cabello, el tamaño de tu nariz, el grosor de tus labios, y con ese cuerpo eres perfecto(a) para cumplir tu misión de vida de acuerdo al destino que, en luz, Dios te propone. Recomendamos evitar someter tu cuerpo, que es naturaleza, a situaciones quirúrgicas innecesarias, pues el sufrimiento es una consecuencia de la oscuridad y, ante los ojos del verdadero amor, lo más valorado siempre será tu propia naturaleza.

Muchas veces nos han preguntado si Dios une almas del tercer sexo en matrimonio consagrado. La respuesta es sí, pero los libros antiguos no se pueden actualizar, por lo tanto las religiones en su mayoría tampoco, pues cambiar un precepto de ellos sería debilitar la supuesta solidez de esas reglas que al paso del tiempo se van haciendo delicadas. Sin embargo, en esta Casa de Luz Arcángeles se realizan ceremonias privadas llenas de luz para resguardar el destino y el futuro de almas que verdaderamente nacieron para estar unidas y aquellos matrimonios que sean unidos por el bendito arcángel San Miguel, jamás serán destruidos por la mano de la oscuridad.

Estas ceremonias se realizan cada año, en el mes de julio. Puedes investigar con tiempo para poder participar en una ceremonia grupal o de manera particular y privada.

Me puedes llamar Fer de la Luz, tengo veintiocho años. Sé perfectamente que estoy enamorado de un hombre: mis emociones están alborotadas, me río por todo, siento gracia del mismo aire, tan solo porque me volteó a ver y me dijo, "¡Hola, Fer!" Sé que no todos entienden la profundidad de esas palabras, pero en mi corazón fue la clave para decidir luchar por lo que yo quería y necesitaba.

No sé cómo fue pero mi perseverancia me llevó a obtener un buen trabajo con buenos ingresos; ya tenía el apoyo de mi familia y sólo me faltaba mostrar abiertamente mi sexualidad. En términos cortos, el miedo era mayor y, al ser el menor de una familia machista y tradicionalista, evité confrontarme con ellos. Un buen día llegó la oportunidad de irme a vivir a otro lugar y trabajar allá, así que lo hice, no lo pensé mucho, solo me dolía alejarme de mi madre, pero sabía que ella y todos iban a estar bien.

Al llegar a esa nueva ciudad me esforcé demasiado, pero también conocí lo que era disfrutar de mi camino, de mi vida, de mi trabajo y de mi sexualidad. Mi madre siempre me enseñó que Dios nunca nos abandona

y puedo decir que, en muchos momentos de soledad, lo constaté. Una vez, estando en casa, me sentía tan mal por el tema de salud que me llevó a la muerte que le pregunté a Dios, "¿Por qué estoy solo?", y escuché una voz que me dijo, "Nunca has estado solo, yo siempre he estado junto a ti. Observa a tu alrededor y sabrás que estas cuatro paredes son resguardadas por el amor de la luz divina". Volteé, queriendo observar a quien me hablaba y alcancé a vislumbrar el cuerpo de mi madre, pero no venía sola, a un lado de ella estaba una de mis hermanas. Ella no habló, pero me observó con una sonrisa de compañerismo y paz. Mi hermana es la misionera de la que hoy es la Casa de Luz Arcángeles.

Sé que en esos momentos su vida estaba en transformación, pero su espíritu fue ante mí para ayudarme a trebolar. Cerré los ojos y sentí que mi alma se desprendía, sabía que todo lo que dejaba llegaría a buenas manos y que esas cuatro paredes serían testigo de la luz que yo dejé y que hasta este momento seguimos laborando, en compañía de la Totalidad, que ahora también son mis guías espirituales.

Con ellos aprendí que la lucha es fuerte, incansable e interminable, pero vamos de la mano de los cuatro benditos arcángeles y, aunque mi espíritu reside en el alma de mi hermana, puedo dejar que mi energía fluya en aquel lugar que decidió mi tiempo y mi transformación divina, donde hoy en día es la Casa de Luz Arcángeles en la Ciudad de Monterrey. Dicho por los benditos arcángeles, aquellas personas que lleguen hasta nosotros en ese bendito hogar podrán transformar sus vidas poco a poco de la mano de la Totalidad y serán guiados por la luz de Dios con el divino cariño y constante respeto.

Deseo que todos encuentren su felicidad, se pongan límites y disfruten de su vida. El espíritu de luz de Fer de la Luz, así me podrán llamar todas las personas del tercer sexo que necesiten fortaleza, determinación, orientación y que quieran eliminar la tristeza de su vida.

Fer de la Luz

Meditación breve

La disposición que cada persona tiene para Dios, los arcángeles, y nuestro propio ser punta de lanza, es proporcional a la felicidad manifestada en nuestra vida. Si tienes tiempo para Dios, tienes tiempo para todo, pues no hay nada que se aleje o se pueda esconder del Ojo Divino, aun en lo más profundo del pensamiento eres escuchado y hasta cierto punto comprendido, pues dentro de la luz de Dios y su mundo espiritual no existe los caprichos. Las personas que llevan una vida espiritual saben sonreír, resolver problemas y ver la luz en el pasaje más oscuro.

En este apartado, Casa de Luz Arcángeles aporta una meditación que solo llevara cinco minutos al día, pero aquellas personas que en verdad practiquen con fe, con amor y entrega, podrán descubrir un mundo nuevo dentro del mismo mundo. Los colores de la vida les serán más luminosos, el propio respirar se disfrutará a consciencia y todo lo que emane de esa personalidad se verá elevado en absolutamente todo su entorno.

Ordena tu pensamiento con ésta meditación breve, "El lugar hermoso". Sigue las siguientes instrucciones:

1. En un lugar cómodo, a solas, sin ninguna situación externa que te pueda alterar, cerrarás los ojos de una manera relajada respirando profundo por la nariz y dejando salir el aire de forma tranquila por la boca.

2. Pronuncia el Padre Nuestro en arameo (si no lo sabes, puedes escucharlo. Debe ser recitado, nunca cantado).

3. En tu pensamiento debes visualizar, construir y maravillarte del lugar más hermoso que puedas formar en tu pensamiento, poniendo mucha atención a los sentimientos que experimentas mientras tu yo está allí. Debes observar con mucho detalle todos los elementos que fabrica tu

pensamiento y ese lugar hermoso deberás explorarlo diariamente.

4. Estando dentro debes saber que ese pensamiento es impenetrable para la oscuridad. Es decir, que dentro de esa esfera que vas creando durante cinco minutos diarios nunca habrá nada negativo. Por el contrario, ese pensamiento será el lugar bendito de tu propio pensamiento, donde a lo largo del tiempo te será sencillo reconocer que ese lugar de tu propio pensamiento es donde puedes conectar y mantener un vínculo eterno con Dios y tu ser punta de lanza.

5. Una vez que formaste la primera parte de ese lugar hermoso, podrás entrar diariamente con el más grande amor y con profundo respeto. Debemos aclarar que dentro de éste pensamiento de luz no debes incluir a ninguna otra persona, deja fuera a padres, hermanos, pareja o hijos.

6. La creación de tu lugar hermoso va ir creciendo de la misma manera en que tú vayas activando el acercamiento a través de tu propio pensamiento. Por lo mismo, disfruta del viaje, que al principio será corto, pero después serás capaz de comunicarte con seres de luz de un alto nivel.

7. La regla principal es no desesperarte, y reconocer que en esa parte del pensamiento solamente vivirá el mundo de Dios y tú.

Realizando esta meditación de manera constante, el propio pensamiento va formado cimientos sólidos de fe, de paz y de esperanza, pues lejos de escuchar a alguien que te indique lo que debes sentir o visualizar, serás tú mismo quien determine su propio progreso espiritual.

Vamos a poner un ejemplo. Al enfrentar cualquier adversidad se desencadenan los pensamientos negativos creando un ambiente desagradable, sin embargo, contar con una herramienta donde el propio pensamiento, con esta meditación breve, te permita sustraer de tu realidad por unos minutos, tomarás la sabiduría, la armonía y podrás regresar para enfrentar la realidad y reconocer con facilidad las múltiples soluciones que el ambiente hostil no te había permitido ver en primera instancia.

TESTIMONIOS

En todas partes, cuando escuchamos que algún servicio o producto es muy bueno, viene recomendado por alguien que ya lo utilizó, lo probó o se lo recomendaron. Aquí, pues, ha pasado lo mismo. A lo largo de muchos años, desde que iniciamos una "labor espiritual" por separado, por decirlo así, antes de ser la Totalidad compuesta por María Araceli y yo, Brayan, pues de entrada la familia eran los primeros en descubrir que algo raro sucedía con su familiar, ¿imaginan eso? "¿Por qué mi hermano dice que escucha cosas?", "¿Por qué se movió un objeto frente a mi hermano y yo lo vi?", "¿Por qué siento miedo y él no?", o, por el lado de ella, "¿Qué le sucede a mi hermana?" "¿Por qué está hablando así?", "¿Por qué grita sin control?", "¿Por qué debemos rezar cada que le pasa eso a mi hermana?", pues ese tipo de cosas ocurrían en nuestras familias, por lo tanto, nuestra familia está un poco curtida del tema. Quizás no de la mejor forma. Como dicen por ahí, "así nos tocó vivir".

En el mismo camino de vida, cada familiar nuestro tiene una forma diferente de ver, vivir y conocer de este tema apasionante que es nuestra vida espiritual: la vida de dos personas que por separado y juntos mostraron la presencia de algo diferente, energías, vibraciones o algo que definitivamente no tenía explicación. Conforme ha pasado el tiempo, las personas han comentado situaciones diversas, como, "¿Te acuerdas que hace muchos años me dijiste que mi esposo se alejaba de mí por alguna razón divina en tal año y ese año murió?", "Oh. ¡Me dijiste que no me preocupara porque iba a poder embarazarme y ya tengo dos bebes!", "Me dijiste que encontraría el amor y ya tengo varios años de matrimonio". Este tipo de testimonios son los que crean un motivante, un indicativo de que estás haciendo lo correcto y orientando a personas que necesitaban de esa luz de Dios y los arcángeles para poder mejorar su situación de vida, es por eso que decidimos incluir testimonios reales de personas que llegaron en situaciones difíciles y que ahora están adelantados espiritualmente, que son felices y luchan por mantenerse en luz, compartiendo su experiencia y formando parte de la ola de guerreros de luz que formamos desde el principio.

Esas palabras de aliento que alimentan el alma han sido realmente bendiciones de los Arcángeles. Palabras como:

"¡Doy gracias a la Totalidad por guiar mi vida y la de mi familia!"

"¡Agradezco a Dios poder conocer a la Totalidad y ésta bendita Casa de Luz!"

"¡Gracias a Dios por permitirme formar parte de esta bendita Casa de Luz de Arcángeles!

Asimismo agradecemos como Totalidad a todos los seres de luz que han formado parte constante de esta bendita Casa de Luz Arcángeles, cuyas palabras han sido:

Gracias a nuestro Padre Eterno, que ha constituido un espacio bendito como éste para poder dar la palabra y compartir la luz divina.
—San Judas Tadeo

"¡Es un privilegio formar parte de una inmensidad de luz espiritual en la que se alimenta el alma de tantas personas!"
—Maruel Hasaman Dasith

¡Gracias a la infinita luz de nuestro padre celestial por permitirme guiar éstas almas necesitadas!
—Misionero San Judas Tadeo

¡Gracias te doy Excelso Padre por la caridad
que derramas en esta tu bendita
Casa de luz Arcángeles!

—Arcángel San Miguel

¿Ustedes creen que después de escuchar estas hermosas frases de luz y amor de personas vivas y de espíritus elevados, podríamos Araceli y un servidor olvidarnos de nuestra misión? Es por eso que existe este libro, para poder recordarles que no son solo palabras, este libro está lleno de acciones que se realizaron año con año, brazo a brazo, codo a codo, material y espiritualmente; personas, vibraciones, energías, espíritus que estaban equivocados y que aquí encontraron la paz, la armonía que necesitaban, el perdón que incluso olvidaron solicitar, aquí se arrancaron historias de terror del alma de muchísimas personas y linajes.

Cada persona sanada lleva una historia material y espiritual, algunos que comprendieron perfectamente bien el camino a seguir, otros que decidieron regresar a sus malas costumbres, pero siguen sin duda luchando por ser mejores personas; algunos otros que siguen tratando de encontrar la luz en lugares de oscuridad, cada quien siguiendo su destino.

Sin más, introducimos unos cuantos de los testimonios de vida de algunas personas que han pasado por la historia de Casa de Luz Arcángeles:

Crecí pensando que lo espiritual no era real, siempre con dudas. No creía que hubiera personas que nos pudieran ayudar, incluso era desconfiada de todo y de todos. Pensaba que todos éramos muy materiales y debíamos luchar por conseguir nuestros recursos económicos y ya; sabía que había alguien que nos ayudaba espiritualmente, pero no conocía más de lo que veía y escuchaba, así que permanecía desconfiada; no me acercaba a personas a que me dieran recomendaciones, no les daba prioridad, mi fe era Dios y para mí los santos no existían, eran mitos o leyendas; no sentía interés por temas desconocidos, incluso me daba miedo que me pasara algo.

Me llegaron muchas señales de que existían cosas buenas, por ejemplo, me despertaba con ánimo, sentía ganas de luchar por lo que yo quería, si no tenía dinero para algo, me llegaban ofertas o alguien se acercaba y me apoyaba para lograr lo que necesitaba y eso me hacía saber que existía algo bueno que me ayudaba. Escuchaba a la gente quejarse pero yo podía ver las situaciones normales y tener la mejor actitud posible. Me preguntaba por qué me pasaban cosas, como sentir un vacío y la sensación de que me faltaba algo.

Al pasar de los años fueron muriendo personas muy cercanas a mí, primero mi padre, después mi madre, una de mis hijas y mi hermano el menor. Entonces entré en una profunda tristeza que no me explicaba, me hacía preguntas que no podía responder, y me decía que era parte de Dios y debía aceptarlo, pero ese dolor era gigantesco, trataba de no mostrarlo porque era muy mío, no me gustaba hablar de nada de eso. Cargaba con ese dolor en todo lo que hacía y a donde iba.

Algunos meses después de tener un accidente automovilístico, se despertó en mí una necesidad de conocer el mundo espiritual, pues vi a dos seres hermosos que sabía que no eran humanos: esa experiencia marcó mi vida y me interesó tratar de descubrir quiénes eran y por qué los vi. Esas miradas y rostros permanecieron en mi mente de forma constante; aunque esa experiencia fue en segundos, se quedó en mi mente, incluso pensé que había muerto. Sabía que Dios me había dejado vivir por alguna razón especial, pero no sabía qué hacer, o a dónde ir, así que mi vida continuó "normal" hasta que llegué a un lugar donde decían trabajar con espiritualidad.

Conocí a un joven (Brayan) que me inspiró confianza, gusto por conocerlo. Él sabía que podía crecer más y ahí podría aprender. Me invitó a purificar un negocio que yo tenía y sentí deseos de hacerlo, incursionar en esa fe me hacía sentir que era adecuado, sentía la energía de él y me pareció correcto. Quería saber todo y aprender más, me nació la curiosidad, fui invitada a una reunión con el arcángel San Miguel y ahí este joven me mostró esa adoración al bendito arcángel. Al estar ahí, me gustó tener esas sensaciones, deseos de aprender más y, todo aquello que me decía ese joven, para mí era real, lo vivía real y me alimentaba de esa energía. Así fui sintiendo que era ahora una necesidad.

Después conocí a una mujer que acudía a esas mismas reuniones (Araceli), ella era muy seria y tenía ganas de preguntarle cosas pero la veía muy distraída en ocasiones. En esas reuniones me sentía parte del grupo, me daba gusto y llenaba mi ser asistir a esos espacios. Por otro lado me sentía ignorante, quería aprender y estar al nivel de los participantes.

Sin saberlo estaba desarrollando mi espiritualidad. Cuando escuché a los arcángeles, después de muchos años, sentí una liberación en mí, ese dolor que iba conmigo para todos lados desapareció, me sentía distinta, comprendía mi destino y lo que había pasado. El dolor se transforma, la energía cambia y sí podemos liberarnos de él. Esa amargura, que me hacía pensar que jamás lo superaría, me ayudó a conocer mucho más de mí, los grandes errores que yo misma cometía y que sus consecuencias me alcanzaban, así que vi con claridad mi vida, sabía que debía cambiar y mejorar. Así lo hice y me fui reconociendo con amor y realidad. Me acepté y empecé a comprender cada mensaje que recibía, mensajes que me llegaban hasta lo más profundo del alma. Sabiendo que esa era mi verdad, elegí vivir feliz y así me hicieron saber cuál era mi misión de vida.

Fui instruida, guiada y orientada para eliminar situaciones que no debían estar en mi destino, que sin darme cuenta bloqueaban mi felicidad, por lo que fui obteniendo mensajes de espíritus de luz que me hacían sentir mejor. Me orientaban nuevamente y todo eso logró hacerme digna de conocer el nombre de mi ser punta de lanza, Viento Veloz la Séptima Luna, un espíritu que me hace sentir un gusto infinito, pero también un deseo de crecer mi alma al nivel de ese bendito ser tan elevado, un compromiso de amor que al inicio se me hacía inalcanzable. Trataba de hablarle, pero sin querer lo olvidaba por las malas costumbres de no saber de su existencia, sentía que no podía defender su nombre, tenía pena de ser juzgada, quizás de que me señalaran y pensaran que no era real, pero siempre supe que lucharía por defenderlo ante todo y todos. Le di el valor que sabía que él me había dado desde que nací, pues ahora sabía que estaba en lo correcto. Dejé situaciones de vida por él y no me arrepiento porque eso me ha dado un camino de felicidad, hoy lo sé, lo siento y lo considero vivo en mí.

Sé que juntos lograremos cumplir la misión de vida que nos fue encomendada. Soy María Eugenia Camacho Rivero, misionera de esta bendita Casa de Luz Arcángeles. Me gustaría decir que no importa cómo crecimos o los errores que cometimos, siempre hay un camino para elegir bien y regresar al camino del bien. Dios siempre nos va a poner a las personas adecuadas para ayudar y orientarnos, solo necesitamos abrirnos al amor para ser buenos. La fe en Dios siempre nos va a llevar a lo adecuado.

María Eugenia Camacho Rivero,
Misionera Casa de Luz Arcángeles

Lo más bonito que he vivido en la Casa de Luz Arcángeles ha sido el cambio que he tenido, he sentido mucha paz y veo a mi familia de la misma manera, muy felices. Nos hemos acercado a la Casa de Luz Arcángeles y hemos vivido experiencias completamente bellas con base en la luz siempre.

A mí me ayuda mucho estar en contacto con la Casa de Luz Arcángeles, por la guía que allí recibo para crecer en lo espiritual. He tenido la experiencia de conocer más a mi ser punta de lanza y a los cuatro benditos arcángeles de la Casa de Luz Arcángeles, ellos nos han ayudado a mí y a mi familia en diferentes cosas que hemos vivido, a salir adelante siempre.

Mi espiritualidad ha crecido totalmente, mi fe ha crecido totalmente y de aquí en adelante no suelto esto, ¡esto es vida! Vivir en paz y siempre en armonía, eso no tiene precio.

La experiencia inicial que tuve me hizo muy feliz. Cuando asistimos a una exposición aquí en la Ciudad de Monterrey, en el Centro de Convenciones en Cintermex, pasamos por el corredor donde estaba el stand de la Casa de Luz Arcángeles, íbamos mi hijo y yo. Ellos estaban ocupados, platicamos con la misionera; nuestro guía estaba ocupado adentro. Nosotros seguimos adelante porque íbamos con otro fin a la exposición, no íbamos a buscar a la Casa de Luz Arcángeles. No sé, nadie nos había recomendado.

Al dar una vuelta allí por los corredores, mi hijo insistió en volver para platicar con ellos, volvimos y ha sido la mejor experiencia de mi vida. Mi vida ha cambiado totalmente. Teníamos muchas cosas como familia, estábamos divididos. A raíz de eso tenemos una unión muy bonita que se formó en muy poco tiempo.

Seguimos y seguiremos siempre con Casa de Luz Arcángeles porque ellos realmente buscan el bien de todos, llevarnos a todos a la luz, a conocer la luz y acercarnos al Todopoderoso por medio de los arcángeles.

Les doy las gracias.

Carlos E. M.,
Monterrey, Nuevo León

Lo más hermoso que he vivido de la Casa de Luz Arcángeles es haberlos conocido, haber llegado con ellos, conocerlos cada día más, estar en contacto, saber que tenemos tantas oportunidades de crecer, de estar en luz y que muchas veces no las aprovecha-

mos. Me han ayudado a tener fe, a saber que Dios es grande, que está en todos lados, que los arcángeles nos cuidan, que tenemos un ser punta de lanza que también está con nosotros. Mi espiritualidad ha crecido en la Casa de Luz Arcángeles, me siento más cercana a Dios, me siento con más fe, me siento con más esperanza, con más ganas de vivir, con muchas cosas por hacer.

La experiencia que me ha hecho más feliz en la Casa de Luz Arcángeles, es haber sentido, presenciado, que mi padre estuviera en luz. Sentirlo fue grandiosa, no tengo palabras para decirlo o explicarlo, pero han sido de las experiencias más motivadoras y cada vez que voy a la Casa de Luz Arcángeles es un renacer, es una limpieza, es tener más fe, es algo hermoso.

Gracias por llegar a mi vida, gracias por estar y espero seguir muchos años más aquí y poder seguir creciendo en mi espiritualidad, en luz. Gracias.

Patricia B.,
Querétaro

En esta ocasión, les quiero compartir las vivencias que he tenido en la Casa de Luz Arcángeles. Lo más hermoso que he vivido en Casa de Luz ha sido justamente sentir esa magia espiritual, esa vibra que se vive en verdad, y dentro de ella la conexión con los arcángeles, con Dios, que es muy importante para mí, me ha cambiado muchas partes de mi vida,

Me ha ayudado el estar en contacto con la Casa de Luz Arcángeles. Algo muy importante es estar más de cerca de las Divinidades, de los seres espirituales. Finalmente, han ayudado a *cambiar mi forma de pensar, mi forma de ser, estar bien con mi familia, conmigo mismo, a conocerme a mí mismo. Muchas veces fui superficial, pero ahora tengo más confianza, más seguridad en mí. Es algo que me ha ayudado mucho, porque me siento con esa protección, con esa seguridad ante Dios y mis seres espirituales. Mi espiritualidad ha crecido justamente y ha aumento de mi fe en Dios, en los seres espirituales, en los arcángeles.*

La experiencia más bonita que he vivido en la Casa de Luz Arcángeles es algo que no se puede explicar, pero que finalmente se siente, por dentro. Por ejemplo, fueron muy características las primeras veces, y todavía, de hecho, cada vez que voy me limpio de todo lo malo, de esos pensamientos malos; con esa energía creativa siento que me purifico, me lleno de optimismo, me dan muchas ganas de ser feliz, de buscar la armonía, la paz; mis pensamientos y mis acciones cambian.

Estoy muy agradecido con la Casa de Luz Arcángeles, con nuestro guía Brayan, con nuestra hermana María Eugenia, la misionera. Estoy muy agradecido y son unas experiencias muy bonitas que he pasado en esta Casa de Luz Arcángeles.

Antonio I.D.,
Atenco, Estado de México

Hola, les puedo compartir qué es lo más hermoso que he vivido en Casa de Luz Arcángeles. Lo más hermoso es que cada momento estoy presente, cada oportunidad que hay de estar allí, ya sea para alguna celebración, para dar gracias, para cerrar ciclos, para pedir ayuda, para ir a escuchar un mensaje, cualquier ne-

cesidad que uno tenga, Casa de Luz, siempre te recibe con los brazos abiertos; las sensaciones, todo lo que se activa espiritualmente dentro de cada obra que se realiza en Casa de Luz es una experiencia única, es una experiencia que se vive al sentir la presencia de Dios, la presencia de los benditos arcángeles. Incluso me atrevo a decir que he sentido la presencia de seres queridos que ya no se encuentran en vida o de manera física con nosotros.

Yo creo que ha sido una experiencia hermosa porque cada obra que se realiza allí, uno sale tan tranquilo, uno sale con una paz que se desea o que se necesita y, como bien dice el guía Brayan, estar allí y estar en Casa de Luz arcángeles no es casualidad, nada es casualidad en ésta vida. Entonces cada experiencia que tengo con Casa de Luz es algo hermoso para mí, algo que me ha cambiado la vida de manera general. Me atrevo a decirlo, y, felizmente, lo que me ha ayudado mantener contacto con la Casa de Luz Arcángeles es justo tener esa liberación, tener esa sensación, tener esa inquietud y sentir más que nada ese apapacho, esos brazos abiertos, esa voz, esos mensajes, todo de nuestro guía Brayan y la misionera.

Yo creo que mantener contacto no solamente es estar allí presente en Casa de Luz, sino mantener contacto para agradecer; haber aprendido, agradecer día a día que estoy aquí con vida. Así, después de haber tenido un día pesado, al siguiente día amanezco tranquila, relajada, sin presiones.

Yo creo que otra de las cosas es que he visto muchos cambios en mi vida, de manera física, de manera emocional, de manera psicológica y principalmente espiritual, porque ya había llegado a momentos en que no creía en nada, había pasado por momentos muy, muy complicados que quizás en algún momento todos pasamos. Lo que me mantuvo es que dije, "es aquí la oportunidad, es aquí el momento y el lugar", y entonces renací para volver a confiar en mí. Cada que necesito algo, incluso un saludo, una bendición, me acerco a Casa de Luz y la recibo con una energía que se potencializa en cada segundo, que puedo escuchar.

Mi espiritualidad ha crecido día a día, porque realmente, como les comenté, había llegado un momento en que había perdido la fe, había perdido la esperanza a causa de muchas situaciones y por haber estado en un espacio de oscuridad. Aunque haya tardado en llegar a Casa de Luz, todo fue en el momento perfecto que necesitaba y, bueno, al no creer en algún momento de mi vida en nada, esto fue algo que me quitó la venda de los ojos, que me quitó muchos pesos de encima, que incluso, al encender cada vela, al rezar, al agradecer cada momento dentro de Casa de Luz, ha crecido mi espiritualidad, y ahora tengo presente, aquí en casa y hasta en mi propia bolsa, unas imágenes de los arcángeles. Traigo al bendito arcángel San Miguel, día a día me ayuda a crecer mi espiritualidad, aun cuando estoy cansada. Cuando ya no puedo más, sólo recuerdo los peores momentos en que Casa de Luz me ayudó, que sin motivo alguno y que por cosas que se fueron acomodando en vida llegaron los mensajes para que llegara allí.

Ha sido una situación en la que me siento comprometida conmigo misma y principalmente con todos los seres de luz que hay allí, con mi ángel guardián, con los arcángeles de Casa de Luz, San Miguel, Eunice, Kalil y San Rafael. Bueno, lo principal es tener al guía Brayan, a la misionera María Eugenia. Han sido más que mis guías, los considero parte importante y esencial en mi vida. Día a día y en cada momento ellos me apoyan, eso es lo que me ha ayudado a crecer mi espiritualidad. La experiencia que he vivido me ha hecho feliz.

En algún momento tuve una gran necesidad. Puedo decir que hace poco tenía situaciones laborales un poco complicadas y, bueno, al tener esa fe, al pedirlo con fe, al pedir ayuda a Casa de Luz y con la obras espirituales, se me abrió el camino y ha sido una de las cosas más felices que he sentido: el reconocimiento que he recibido en mi trabajo, el reconocimiento de personas, incluso recibir y escuchar comentarios de gente de quienes no me lo esperaba. Te ves bien, te proyectas bien, tu mirada cambia, tu sensación cambia; tienes buena vibra, la gente se acerca, de verdad es algo que alimenta esa felicidad, que incluso antes, cuando me preguntaban si era feliz, yo decía que no, ahora puedo decir que sí, soy completamente feliz, como todo ser humano, con sus altas y con sus bajas. Casa de Luz me ha ayudado a equilibrar cada emoción, a sensibilizar cada momento y cada experiencia que vivo.

Lo que me hizo feliz es que me hayan ayudado a liberarme de una oscuridad que estaba muy complicada y ahora puedo ya darme la oportunidad de decirme a mí misma, "ahora voy a hacer esto por mí, por mi familia, porque me nace y porque me han llegado las oportunidades, la abundancia económica, el cierre de ciclos que no ayudaban ni sumaban", eso también ha sido parte de mi felicidad.

Bueno, podría contarles muchísimas cosas, pero estoy totalmente agradecida. Les mando un abrazo de todo corazón y estas palabras créanme que me nacen. Quise estudiarlas, pero no, no *hay cómo poder dar esa explicación más allá de lo que se ha vivido en Casa de Luz Arcángeles.*

Gracias.

Mayra A.A.,
Tlalnepantla, Estado de México

Consejos y recetas de luz

El agua es un elemento vital de la naturaleza. El ser humano debe aprender la magia que se desprende de este elemento tan poco valorado en el mundo. Su abundancia infinita, al mismo tiempo, ha sido contaminada por la ignorancia y la negligencia. Hoy en día hay muchas maneras de alimentarnos energéticamente de éste elemento natural.

Un balde con agua, preferentemente de cristal, te ayuda canalizar la energía del ambiente y absorber sus propiedades curativas a través de cantos, oraciones, y exponiendo el agua a la luz de una vela blanca. Pasados quince minutos, el agua se podrá beber o utilizar para baños, o regarse a algún lugar con baja energía.

Para la salud y la fortaleza física

En un balde con agua, preferentemente de cristal, colocar tres piedras de río perfectamente lavadas previamente.

Dejar esa agua lo más pura posible durante tres días en un lugar fresco, y, de ser posible, ante un altar. Se puede exponer a la luz de una vela diaria por tres días y, al cuarto, se podrá beber.

Otra parte del agua puede usarse para bañarse y otra más para regar en todo el hogar. Esto fortalecerá el cuerpo humano, los órganos en su funcionamiento y lucidez en el pensamiento.

Para el amor por destino

En un balde de cristal con agua pura, colocar una raja de canela de cinco centímetros, los pétalos de una rosa roja y una cucharada de miel de abeja.

Exponer el balde de agua ante la luz de una vela blanca, solicitando el amor que corresponda por destino. Esto dará claridad al pensamiento y a la situación emocional.

Al tercer día de esa velación se podrá beber. Otra parte del agua puede utilizarse para bañarse y la última parte puede regarse de preferencia en el lugar en donde se duerme.

Para protección y abundancia

En un balde de cristal con agua pura, de aproximadamente cuatro litros, deberán mezclar pétalos de color blanco, amarillo, rojo, rosa y naranja.

Al momento de mezclar, realiza la oración del arcángel San Miguel, que sirve para la protección y para provocar abundancia en general.

El balde se coloca ante altar con una vela de color blanco y al término del tercer día se podrá beber. Otra parte puede usarse para bañarse y el resto puede regarse en todas las puertas del hogar, por dentro y por fuera.

Para concretar viajes

En un balde de cristal de cuatro litros de agua pura, coloca cuatro monedas doradas perfectamente lavadas previamente.

Con las monedas forma un cuadrado en el fondo del

balde de cristal, y en un papel cuadrado color blanco, de 10 centímetros, escribe el viaje que deseas de manera particular, solicitando el permiso y los recursos al bendito arcángel Kalil.

Coloca el papel debajo del balde de agua, ante tu altar, y prende una vela blanca diariamente por siete días.

Al finalizar la velación, esa agua te la verterás encima desde la coronilla al final de tu baño normal durante los siete días posteriores.

Para la justicia en asuntos legales

Recorta dos triángulos equiláteros de 10 centímetros en una hoja de color azul cielo. En uno de ellos, escribe los nombres de todas las personas involucradas de parte tuya en el tema legal. En el siguiente escribe los nombres de todas las personas involucradas en la contraparte, en el mismo tema legal.

Frente a tu altar, coloca los triángulos con la punta hacia el arcángel San Miguel (viéndolos de frente, del lado izquierdo tu triangulo y del lado derecho la contraparte).

Sobre cada uno de los triángulos coloca un vaso de cristal con agua pura y en medio de los dos, sobre un plato blanco, una vela blanca, y pide que la justicia divina interceda en absolutamente todo tu procedimiento legal.

Durante ocho días deberás repetir la misma operación, solo que después de haber rezado la oración del arcángel San Miguel, deberás beber de tu vaso la mitad de agua y del vaso de la contraparte, fuera de tu casa, derramaras la mitad. Ambos vasos quedarán en equilibrio y esto provocará la justicia y la equidad.

Recomendaciones para saber a qué dedicarse y para ser exitoso financieramente

- Ser valiente y aprender a luchar contra todas las oscuridades que por destino nos toca enfrentar.

- Discernir y aprender a elegir con lo poco o mucho que poseo, tener la capacidad de señalar con claridad lo que es correcto.

- La labor de descubrirlo es 100% individual, siempre solo, pues tu decisión se basa en tu propia historia, deseos y convicción, por eso siempre debe ser individual.

- Toda persona que no elija por sí misma su oficio, profesión o forma de ganarse la vida, jamás será abundante.

- La estrategia que tú puedas formar con tu inteligencia material, es decir, tu aprendizaje, independientemente de la influencia de todos, te va a dar el resultado. Libérate de cargas, problemas innecesarios del pensamiento, malas costumbres y vendrá tu éxito financiero.

- La cercanía, convivencia y la influencia de personas positivas, triunfadoras, o de mundo, genera una buena convivencia de almas que provocan que surja un deseo de viajar, conocer, descubrir los lugares de la vida, y de llegar más allá.

- Queda prohibido ser liviano o débil al tomar la decisión de ser exitoso financieramente.

- No vencerte ni derrotarte hasta haber intentado todos los recursos posibles.

- El destino ya está escrito, tu deber es ir desbloqueando éxitos, mayores logros, y mejorías en todos los niveles financieros. Pero el éxito sólo llegará a aquellas personas que obtendrán poder económico y no lo usarán para destruir la humanidad; seguirán creciendo, la justicia divina siempre estará presente.

Recomendaciones para tener éxito financiero

- Que tu estado de ánimo siempre sea alegre y que no dependa de tener mucho o poco dinero.

- Nunca creas en alguna persona que te ofrezca millones de manera sencilla.

- Debes establecer un carácter firme para alcanzar tus objetivos y propósitos, siendo consciente de que sean reales y alcanzables

- Aprender de las personas sabias, en ocasiones seguir ejemplos de esas personas que ya son exitosas. Escucha las historias de éxito de las personas.

- No digas lo que vas a hacer, decrétalo y hazlo; no hables por hablar.

- Como regla general, la persona justa tendrá lo justo, el que es injusto nunca le alcanzará.

- La educación financiera es darle el valor real a cada cosa y, desde que tenemos capacidad de comprensión, en nuestra infancia, debemos aprender a valorar todo.

- Espiritualmente y energéticamente honrar a tus padres y apoyarlos con medida, en particular a la figura materna. Esto es alimentar una línea de éxito financiero y abundancia económica.

MENSAJES DE LOS ESPÍRITUS DE LUZ PARA LA HUMANIDAD

C on profunda humildad y respeto me presento ante todos ustedes, me conocen como el indio Viento Veloz la Séptima

Luna. Deseo que sepan que el pensamiento de cada persona es como un gran paisaje donde el clima que prevalece va marcando el camino y la forma de enfrentar la vida, bien puede ser un frío destrozante o un calor excesivo, y cada ser humano tiene la responsabilidad de crear un clima cálido y equilibrado, así como también hacer de ese paisaje el lugar más maravilloso o la confusión más grande. Toda persona debe saber que poner la luz en el pensamiento va a aclarar tu camino, la oscuridad siempre se va a hacer presente para intentar derribar tus objetivos más grandes, pero nada logrará si proteges tus sentimientos buenos, tus ideales y autenticidad.

La belleza del alma depende de la grandeza y claridad de un buen pensamiento.

Viento Veloz la Séptima Luna

En el nombre del Altísimo, mi nombre es Maruel Hazaman Dasit. Mi espíritu se regocija en saber que mis palabras serán analizadas, leídas y tal vez transmitidas.

Comprendo que, por ahora, pocas personas se interesan en lo que dice alguien que ya está muerto. Sin embargo, ese es el primer mensaje que doy, que existe otra vida después de la muerte y, aunque los espíritus tenemos diferente adelantamiento, todos los que pertenecemos a la luz de Dios tenemos el compromiso de ayudar a la humanidad y mantener una fe que les permita ser responsables en todos los momentos de su vida. Ya lo han dicho los arcángeles benditos, "nada es por casualidad". No desperdicies los días de tu vida quejándote o sintiéndote víctima, *despójate de ese traje de mentiras y conviértete en un guerrero de luz.*

En ésta época de la humanidad, se mofan de los principios y valores y no es otra cosa más que el disfraz de la oscuridad para poder destruir, lastimar y gobernar. Nuestro deber es rescatar a la humanidad, que es saludable en cuerpo y en espíritu. El destino de cada ser humano ya está escrito, pero los niveles de abundancia en general, de ese mismo destino, te pertenecen por completo a ti.

Maruel Hazaman Dasit

En el nombre de mi Padre Santísimo, los saluda el Misionero San Judas Tadeo. Aunque mi nombre es conocido en la memoria del ser humano, me he venido encontrando en diferentes partes del mundo con centros de alta luz, como éste, en Casa de Luz Arcángeles.

A pesar de la diferencia en idioma y en costumbres, la bendita luz de nuestro Padre nos une a todos como hermanos de una misma raza, cuyo deber principal es el respeto a la fe, creencias o manifestaciones religiosas distintas.

La vida no es un juego, pero te debes divertir; la vida no es riesgos, pero en ocasiones te debes aventurar. Elimina el miedo de tu ser y comparte tus habilidades, aquellas que te hacen feliz, así obtendrás todas las monedas que necesites para alcanzar tus objetivos principales de vida. Me gusta tu fe, pero repruebo el fanatismo y mientras tu corazón me llame con amor y sinceridad, ahí estaré para que juntos resolvamos cualquier dificultad.

Todo es posible de la mano divina de nuestro Padre Eterno y de nuestros benditos arcángeles.

Que la luz permanezca con todos ustedes.

Misionero San Judas Tadeo

Cuando encuentras en la vida un motivo principal para seguir adelante, no hay manera de que alguien te ponga un alto, esos motivos nunca serán otras personas, siempre será el descubrimiento de los tesoros más grandes que posees, tu propio compromiso de ser feliz, tu deseo constante de mejorar, reconocerte como persona única y siempre enfrentar cualquier adversidad con determinación, fortaleza absoluta y un pensamiento de victoria anticipado. La fortaleza es una energía que puedes atraer a tu cuerpo en todo momento, te hará tener un pensamiento firme, seguridad, y absoluto control de ti. Si titubeas, pierdes; ser determinante y contundente te permite llegar al objetivo que te plantees.

A pesar de ir acompañados por personas que amamos, todas las batallas son individuales. Convierte tu energía diaria en cimientos de fortaleza de pensamiento, fortaleza de palabra y fortaleza de acción, dando por entendido que ya tienes una fortaleza de fe.

Benyetluz

Mi nombre es Matthew Liberman, un espíritu de luz nacido en Estados Unidos, dedicado a viajar por diferentes partes del mundo. Cuando encontré la muerte fue haciendo lo que más quería, *rescatando personas de desastres naturales principalmente, movimientos de la tierra llamados sismos o terremotos. A pesar de ser profesionista, tuve un grupo de rescate, pertenecí al mismo tiempo a un centro de luz y conocí la cercanía de la existencia de seres espirituales.*

En mi tiempo, que no es muy antiguo, los amigos, los festejos y las diversiones en general llamaban mucho mi atención, pero siempre fui disciplinado y comprometido con mi espiritualidad, aunque también pasé momentos difíciles. Me arrepentí, mejoré y decidí continuar con una vida en luz; pensé que ya lo tenía todo y de pronto me alcanzo la muerte, llegó el final de mis días e inicié mi transformación como ser de luz.

Moraleja: la vida es muy corta, este momento es tu oportunidad única, para formar una espiritualidad adecuada que te permita disfrutarlo todo sin cargas, sin remordimientos y sin miedos. La clave principal es la alegría, es la herramienta letal contra cualquier dificultad. Cuando aprendes a sonreír genuinamente ante cada problemática, en automático viene su solución y la vida te es una eterna alegría.

Matthew Liberman

Somos una pareja de videntes y conocedores del tema espiritual. Yo fui abogado de profesión, ambos crecimos en la Guadalajara, en lo que hoy se conoce como la Ciudad de Guadalajara.

En aquellos tiempos de nuestra vivencia se disputaban terrenos, grandes cantidades de dinero a cambio de grandes hectáreas, de muchas hectáreas de agave para la fabricación de destilados con el fin de comercio y la agricultura. Así se fomentaban los lazos comerciales entre distintas regiones. En uno de mis viajes como representante de estos terrenos, conocí a una hermosa joven. Mi corazón nubló la vista del trabajo y aclaró la vista del amor, me enamoré profundamente y manifesté mis intenciones y encontré en ella una respuesta muy similar, un acercamiento más allá de lo físico en el que experimentamos una unión de pensamiento, un ensamble perfecto de energía y un dialogo espiritual que nos dio a conocer de manera muy rápida, pues al unir nuestras vidas no tardamos en realizar nuestro primer exorcismo.

La voz de nuestra existencia se fue extendiendo y muy pronto nos buscarían muchas personas que equivocadamente invocaban a la oscuridad, algunos por medio de juegos, otros visitando a las llamadas brujas, otros más siendo presas de la ausencia de fe. Todos ellos recibieron la energía de nuestros espíritus y la clave principal para expulsar todas esas entidades oscuras era, es y será el profundo amor de ambos: las entidades oscuras odian el amor y, en cada familia, en cada pareja, donde no se fomenta la protección de ese amor, se interna la oscuridad, sembrando malos pensamientos, mentiras, dudas, celos, infidelidades, vicios, desilusiones, traiciones, hasta reinar en un hogar ajeno, destruido por falta de amor, por falta de luz espiritual y fe.

En mi caso, como mujer y pareja de un gran hombre, me tuve que esforzar demasiado para no permitir que las miradas y palabras extrañas nos perjudicaran de alguna forma. Me convertí en madre muy pronto y eso me hizo la mujer más feliz del mundo; una familia perfecta, un hogar perfecto y la posibilidad de ayudar a otras familias a ser felices, expulsando energías de oscuridad, purificando pensamientos, auras y reconociendo la luz de seres muy adelantados. Sólo omití, también por amor, una sola situación: la envidia, los pensamientos negativos, el rencor y el mal corazón de mi hermana, a quien le dimos un lugar en nuestra familia. Exactamente aquí viene un mensaje de luz para todas las familias: cuando detectes que alguien de tu familia genera una baja vibración en tu contra, envía bendiciones, pero también aprende a poner tierra de por medio. Nadie es responsable de la felicidad de otro, cada quien debe incrementar su espiritualidad y luchar por su propio destino.

Tarde me enteré, y por confiada, que mi propia hermana enervó al pueblo en contra de nosotros, mintió sobre la honestidad y honorabilidad de mi esposo, diciendo que todos esos terrenos se los había adjudicado. Las personas, enojadas, ignorantes y sordas por una frustración banal, fueron a destruir nuestro hogar, dando muerte a toda nuestra familia.

Por lo mismo, aprendamos a separar el amor familiar y las responsabilidades. Ahora, como espíritus de luz, nos sentimos felices de nuestras acciones en la vida y seguimos ayudando a expulsar entidades de oscuridad de personas, lugares y objeto. Deseamos que la luz de Dios siempre permanezca en tu pensamiento, pero sobre todo inunde tu corazón.

José A. M. V. y María de R. S.

La infinita extensión del mundo espiritual es suprema, magistral, es simplemente perfecta. Cuando el ser humano desea ac-

cesar a ella, se encuentra en un laberinto de infinitas posibilidades, ahí la verdadera magia de esta Divinidad, pues solo podrán accesar:

- Aquellos hermanos de buen corazón

- Aquellos que se dejan guiar por un espíritu elevado que ya haya transitado en el mundo de la luz

- Las almas que por destino les corresponda conocer el acceso a la luz de Dios

En ésta Casa de Luz Arcángeles y en muchos centros de luz en el mundo, soy conocida como Artemisa, sin embargo, tengo muchos nombres y por ahora podré decir que soy la encargada de dejar o permitir que los seres humanos vivos puedan accesar al mundo espiritual de luz.

En ésta Casa de Luz Arcángeles me comunico con los guías por medio del pensamiento, por medio del sueño, por medio del agua, por medio del fuego, el aire, aromas, hierbas, miradas, visiones y mucho más.

Artemisa

Dicho por las divinidades y repetido por mí, la desesperación es la madre de la oscuridad, ella te hace perder la visión, perder tu objetivo, ensombrece cualquier ambiente, te trastorna, te hace sentir que vivir es doloroso, te hace sentir perdido, desilusionado, decepcionado, irritable y sin sentido. Sin darte cuenta te encontrarás entre todas esas oscuras sensaciones, pensamientos divididos, inconclusos y débiles.

¿Cuál es la solución? Aprender a sonreír, formar pensamientos sólidos, aprender que Dios y la luz de los benditos ángeles son una inmensidad de amor y de soluciones, donde solo basta suspirar, levantar un poco la mirada y empezar nuevamente a construir un camino con la verdad. Así, rápidamente podrás ver soluciones, ideas muy creativas, pensamientos innovadores y la fortaleza que vas a adquirir cuando salgas de ese primer entorno de desesperación y oscuridad será una experiencia absoluta para todo tu futuro.

Nadie que haya vivido experiencias difíciles a disfrutado más de la alegría más natural.

Dudey Losvit Sedney

Ya se ha hablado tanto de la alegría, de la risa, del buen humor y el ánimo. Cuando me tocó vivir y crecer como un niño, era difícil encontrar motivos de risa; cuando no tienes que comer, cuando tu familia muere diariamente, cuando no tienes agua o cuando te tienes que esconder por la agresividad y por la muerte, ver que los hombres y mujeres desenfrenados en coraje matan unos a otros...

Yo tenía ocho años y me acuerdo cuando iba buscando semillas para comer. Miré al cielo y las nubes azules, naranjas, me anunciaban que pronto llovería. Sentía tanta alegría cuando llovía, porque podía tomar agua y me preguntaba qué había arriba: el Señor de los Cielos nos daba agua cuando nosotros nos habíamos portado bien.

Ese día regrese después de que llovió y ya no encontré a nadie de mi familia, se habían llevado a todos, al parecer presos, para reubicarlos en un lugar mejor. Desde entonces me di cuenta que no valía la pena perder el tiempo lamentándose por nada, mi madre me enseñó que siempre debía poner la mejor cara ante cualquier situación y yo la recordé siempre sonriendo, aunque no comíamos o bebíamos. Decidí crecer sonriendo.

Una familia me creció, me alimentó y siempre dije que yo podía ayudar a cualquier ser humano, porque esos cuerpos eran débiles y el mío se había hecho fuerte y sabía que yo era alguien especial, porque, a pesar de todo, siempre me sentí alegre y con mis manos yo podía confortar otros cuerpos, limpiar su energía de tristeza, carga, dolor, y eso hice toda mi vida, hasta encontrar a mi Guanasy.

Hoy voy a aportar lo siguiente:

Para combatir cualquier energía oscura se necesita una fe muy grande, ser alegre del alma y compartir tu alegría. Si algo te hace feliz, nunca dejes de hacerlo, porque esa es tu herramienta ante la oscuridad: reír, bailar, construir sea lo que sea, siempre será bueno cuando lo compartes con el corazón.

Eklaine Eliot

La vergüenza más grande de un ser humano es renunciar a su propia naturaleza, es como darle la espalda a tu padre, a tu madre, es como si un hermano te pide un vaso de agua y, teniendo todas las posibilidades, se lo niegas.

La lección que me atrevo a darle a todo el público es que el egoísmo, hoy, mañana y siempre, te dejará solo y no habrá nada que llene tu alma, porque esos huecos solo los llena la luz de Dios. La misión más importante de una vida es desarrollarse mentalmente y así evolucionar material y espiritualmente.

Hoy tengo la alegría de llevar mi alma y mi linaje hasta la luz perfecta, sabiendo que yo, en vida y como espíritu, siempre me esforzaré por mantener el estandarte de la responsabilidad y de la caridad al prójimo.

Pedro J.F.P.

Mi nombre Nube Roja, se ha dicho y se extiende en muchos lugares. La Luz Suprema me ha permitido presentarme por medio de diferentes conductos, por medio de cuerpos y mujeres, sólo en momentos donde se han juntado los elementos más primordiales de un altar, de un fuego con aroma, de una calidez del corazón de los presentes y del deseo de escuchar los mensajes buenos.

Se debe recordar que todas las casas deben tener un altar, porque así, sea una piedra la que permanezca en el centro y a la que alabes, deberá tener la fe más grande, el amor más profundo, y tu casa será resguardada. Cuando llega la oscuridad de la noche acompañada del frío fuerte, es señal de la lucha, solo basta una luz y un corazón grande para que renazca el sol, iluminando el cielo: las nubes te anuncian que un nuevo día llegó. Cada día es una oportunidad de hacer todo por ti y por los tuyos.

Nube Roja

Todos estamos de paso, unos nos vamos antes y otros después, pero todos nos iremos. Mientras la vida es vida, no sería malo que disfrutemos, pero bajo las buenas costumbres, el honor, la verdad, la justicia y es ahí donde el ser humano puede robar la sangre de otro, pero nunca sus principios.

Tengo la dicha de seguir ayudando a que muchos pequeños crezcan con la fortaleza de ser verdaderos, con principios arraigados en el alma, con valores que muchos hombres cobardes abandonan en el camino. El mundo necesita hombres de bien y yo, como espíritu libre y soñador, seguiré sembrando, sueños de triunfo, de honorabilidad y perseverancia.

Victoriano Ramírez Cristero

Cuando estás vivo, sobre todo en una ciudad, es muy difícil mantener la calma, guardar silencio y escuchar el aire, las aves. Aún más difícil es escuchar tu corazón, la paz y la armonía de todo el conjunto entre lo vivo y lo muerto, lo de arriba y lo de abajo, el equilibrio y el punto medio, que es el alma.

Como espíritu, recuerdas los placeres que te hacían sentir vivo, pero al paso de la luz se estabiliza lo más hermoso que tenemos como seres vivos y muertos, y eso son nuestras emociones, si durante tu vida, en tu crecimiento eres capaz de estabilizar tus emociones, será sencillo tomar decisiones en tu vida, pues las emociones son el puente entre el mundo de la luz y las personas.

José Domingo Altamirano Rueda

No es fácil transitar en un mundo lleno de mentiras donde las bondades escasean y los señalamientos son la costumbre diaria, se escuchan todas las voces, aunque digan mentiras y los humanos se dejan llevar por la lengua más desalmada, porque, aunque reconocen que es mentira, les gusta probar la maldad. Son cobardes, porque les gusta verla, ver los maltratos, ver los golpes, ver los gritos, pero cuando ellos son los que reciben esa agresión, desearían ser invisibles, por eso la lección o la enseñanza más grande que yo recibí en vida y que ahora como espíritu realizo y voy dejando en cada alma que me es posible, es el pensamiento de no juzgar a nadie, porque en el momento en que lo haces estás dando el permiso para que otros te juzguen a ti y es una cadena de odio, de oscuridad. En ese momento quedas atada o atado a esa oscuridad y bajo la misma falta de respeto que pudiste haber cometido será la misma falta que escuches en tu contra.

El que esté libre de pecado, que arroje la primera piedra.

María Magdalena de Bagdad

Agradecimientos

Dios, gracias por la elección de posar tu bendita energía en nuestras palabras, para llegar a tantas personas y dejarles tu luz.

Gracias a nuestras familias, padres, hermanos, sobrinos, amigos, somos fieles creyentes de que todas las personas que conocemos, aun por momentos cortos, son maestras de vida, gracias a todos por sus palabras de apoyo, por creer, por ser, por acercarse, por ser parte de nuestra gran familia espiritual que sigue creciendo cada día más en todo el mundo, por compartir lo más hermoso que tenemos, que es nuestro tiempo de vida.

Gracias especialmente a Guisela Millán Hernández, por ser mi maestra de fortaleza y tolerancia; Gustavo Ruiz Rosales, por ser mi maestro de perseverancia y esfuerzo; a la misionera María Eugenia Camacho, por ser mi maestra de constancia y dedicación; y, finalmente, gracias a María Araceli C. de la R. (QEPD) por entrar en mi vida de la mano de la Divinidad, para crear un legado de luz que sin duda sanará millones de almas.

¡Encuéntranos en nuestras redes sociales!

Instagram: casadeluzarcangeles

Web: www.casadeluzarcangeles.com.mx

Tiktok: @casadeluzarcangel

Facebook: Casa de Luz Arcángeles

Youtube: Casa de Luz Arcangeles

Consultas: 55 2413 0264

María Eugenia: 55 3519 2477

www.ingramcontent.com/pod-product-compliance
Lightning Source LLC
Chambersburg PA
CBHW061303110426
42742CB00012BA/2042